90%は眠ったままの

学力を呼び覚ます育て方［新版］

子どもをみんな医学部に入れたシングルマザーによる60の極意

黒田 紫

風鳴舎

はじめに

私が神奈川県の県立高校の教師になって30年がたとうとしています。

5千人を超える可愛い生徒たちと出会い、たくさんのすばらしい経験をさせてもらいました。

チアリーディング部を指導し、5回、日本チャンピオンとなり世界大会にも出場しました。私自身も演技者として教え子たちと国内外のたくさんのすばらしい舞台で踊らせていただきました。50歳を過ぎた今でも「現役の最年長チアリーダー」として躍らせていただいているのは私の誇りです。

そんな幸せな出来事の裏で多くの悲しみも経験しました。次から次に私を襲うたくさんの病気・両親とのあっけない死別・離婚・信頼していた人からの裏切り…。娘が「普通の人なら5回は自殺していたわよ」とまで言った波乱万丈な人生です。

父親のいない家庭で育てた二人の子供達には寂しい思いもたくさんさせました。でもその子たちは、現在、ともに医学生。娘は無事、国家試験に合格することができたら、この本が書店に出るころにはドクターになっていることでしょう。

厳しい練習の末に全日本チャンピオンになった教え子たちも、母子家庭に育ちながら医学部に合格した私の子供達もごく普通の子どもたち。並外れて優れた能力を持って生まれた特別な子どもだったわけではありません。適時の言葉かけと適格な指導が、潜在能力を最大限に伸ばし、結果、目標としていたことを達成する成功体験を得ることができたのだと思っています。

たくさん出会った生徒の数と同じだけの数のお父さん・お母さんたちとも出会いました。この数年で親子関係が大きく変化しているのを感じます。特に強く感じるのは、最近の親御さんたちは自分の子どもに強くものを言えない、どことなく遠慮がちだということ。

「私が言ってもだめです。先生から言ってください」

「どうやったらもっと勉強に目がいくのでしょう」

「どうやったら目標をみつけてくれるのでしょう」

などという質問もよく受けます。


子どもを取り巻く環境が大きく変化し、教育についていろいろな情報が飛び交っています。書店にいけば育児書や教育ノウハウ本が数えきれないほど並んでいます。自分の子育てに対して多くの親御さんたちが自信をなくしてしまっています。

今まで出会ってきた5千人を超える子ども達。部活で出会った他校の生徒達も入れれば数万人かもしれません。心底、「お母さんが嫌い」などという子は一人もいませんでした。口ではいろいろなことを言っていても、みんな、お母さん、そしてお父さんが大好きです。親が子育てを楽しめないなんて…こんな悲しいことはありません。

子どもはみんな、それぞれ違った個性を持っています。一人として同じ人間はいません。そして、それぞれの子ども達は計り知れないほどたくさんの能力を持っています。個性に合わせて適時に的確な導きがあったならば、どれほど大きく、その能力を開花させるか想像もできません。

この本には、子ども達の成長を促す導きのためのヒントや、コツが記してあります。

私などが言うまでもなく子どもは国の宝。

一人ひとりの子ども達が持っている能力を最大限伸ばし、それぞれの力でもって自らの道を切り開いていくことができるよう、私たち大人は導き、大切に育て見守らなければなりません。

日本中の子ども達に幸せな人生を歩んでいってほしい…この本がほんのちょっとでもそのお役に立つことができたら、これほど嬉しいことはありません。

平成二十六年夏　　黒田　紫

目次

第2章 親と子の信頼関係 ―― 85

第3章　オーダーメイドの子育て――105

6 部活の効用——178

7 思春期を「難しい時期」と思っているのは間違った先入観——196

医者になることを決めたハナコとタロウ

「医者」という職業からどんなイメージが浮かんできますか？　身内にお医者さんがいらっしゃるおうちの方でしたら、朝晩関係なく多忙に働き、大変な職業…と思う方もいらっしゃるかもしれません。

いろいろなご意見があるでしょうけれど、一族にお医者さんがいないうちのようなおうちの方の場合、「お金持ち」という言葉を頭に浮かべた方も多いのではないでしょうか。

娘が医者という職業を選んだ一番の理由はまさにそれでした。9歳の時のことです。初めてそれを聞いた時の私の気持ちは半信半疑…「え？　そうなの?!　え?!」というものでした。

その頃私は、世界大会にも出場するようなチアリーディング部の顧問をしていました。部活に必要な費用は部員たちの家族が負担します。とはいえ、公立高校。簡単に新しい衣装を買ったり遠征費用を出したりできない家庭もあります。一緒に練習してきた仲間なのに、一人だけ大会に出られないことが可哀相で私が工面したことが何度かありました。経済的に苦しい家庭の子からもお金を集めるのが辛くて、私が個人的にお金を出して買ったものもあります。

いつも貯金通帳とのにらめっこの日々でした。

「あ〜あ、お金があったらなぁ」

そんな独り言を聞いていた娘は

「お金があればママは幸せになれるんだ」

そう思ったのだそうです。

「ママ、お金持ちになるには、どんなお仕事をしたらいいの？」

「そうねぇ、人の命をあずかるようなお仕事…医者か弁護士がパイロットかな」

深く考えることもなく答えた私の一言で娘は医者になることを決めました。

子ども達が通った湘南学園幼稚園・小学校には、教育熱心なご両親の子ども達が多く通っており、お父様がお医者様という子弟も大勢いました。

行事の際、学校にみえているお父様お母様方の装いの絢爛豪華さ、学校周辺の駐車場に置かれた数多くの高級外車（日本に数台しかないというものも）の列、そしてお呼ばれしてうかがった豪邸でのお医者様ファミリーのセレブな生活ぶりを見るにつけ、娘の「医者になりたい願望」は強烈なものとなっていったのでした。

その頃の湘南学園では、4月末から5月5日までの間、すべての日を休日にし、超大型連休としていました。お医者様ファミリーはハワイ、ヨーロッパ、アメリカ…世界中に旅立って行かれます。平日は子ども達だけを家に残し勤務、やっと休みかと思えば部活の指導で学校へ、という日々の公務員の我が家とは雲泥の差でした。

休み明け、洋行帰りのお友達の可愛らしいお洋服や学用品を見るにつけ、夢の世界のようなお土産話を聞くにつけ、「絶対に医者になる」。そう思ったそうです（笑）。

小学校の時に抱いた将来の目標を途中であきらめることなく初志貫徹した娘の意思の強さには驚かされるばかりですけれど、小学校の時に娘が感じた寂しさや悔しさがいかばかりであったか…と思うと親としてはちょっと切なくなります。

子ども達が歩んだ道

もともとは獣医を目指していた息子も姉の影響で同じく医者への道を目指すこととなりました。

二人とも、とてもよく勉強したと思います。

高校時代、娘は通学に片道1時間半、往復で3時間の通学時間にくじけることなく毎日休まず通いました。自分でダンス部を創り、まだ暗いうちに家を出て夜遅くに帰ってくるような毎日でした。でも決して弱音をはくことはありませんでした。

息子はラグビー部の練習から帰り、食事をしながらお箸を持ったまま寝てしまうほどに疲れていても、毎晩必ず、自分の決めたノルマが終わるまで机に向かっていました。

子ども達がどうしてそれほどまでに頑張ることができたのか…。

「医者になる」という強い思いがあったのはもちろんですが、日々の生活がとても充実していたのではないかと思います。

心をわって話をすることができる仲良しの友達がいて、自分の成長を我がことのように喜び支えてくださる先生方がいて、人々の温かな心に守られながら日々の生活を思いっきり楽しんでいたのだと思います。

子ども達の生活ぶりについては後の章で詳しく述べさせていただきます。

勉強だけではない、部活に学校行事に遊びに…充実した時間の積み重ねこそが「医学部合格」の鍵だったのです。

医者であれ、プロスポーツ選手であれ、将来目指す方向はなんであれ、目標達成のために努力する子どもをサポートする親の役目は同じです。

また、医学部合格という目標であれ、部活で日本一になるという目標であれ、子どもたちをそこに導くまでのノウハウは同じです。

子どものために何かをしたい、と思っている親御さんのお役に立つことができたらと願いながら、私が行ってきた導きの手法をこの本に綴りました。

医学部受験の裏話

大手有名進学塾に通う小学生の子どもを持つ親御さんの希望は、以前は「東大合格」、今は「なんでもいいから医学部合格」が増えているのだそうです。

少子化時代の昨今、日本の全大学の定員数より、その年の全国の高校卒業予定者数のほうが少ない、といいます。私立大学は人気のある有名大学以外ほぼ全入、つまり、選り好みさえしなければどこかの大学に必ず合格できる計算です。

しかし、医学部だけは違います。大手予備校が出すデータを見てみると、どこの大学も倍率は軽く10倍を超えています。年度によっても多少変わりますが、20倍などというところも。

まさに1点を競い合う厳しい戦いです。同じ点数上に何十人も並ぶわけです。学力だけでなく（後の章で述べますが）卓越した集中力が必要となるわけです。

そして究極は、息子が通う防衛医科大学。入学金・授業料・施設費など一切かからず、その上、お給料までいただける…夢のような医学部です。

しかも他の医学部の受験シーズンよりもずっと早い時期に試験日程が組まれているため、多くの受験生に受験のチャンスがあります。詳細は明らかではありませんが、倍率は７００倍とも８００倍ともいわれています。日本一倍率の高い入学試験といえるかもしれません。

もっとも入学してからの厳しい生活に耐えきれず、退学していってしまう学生もいるとか。高い志と強い意志がなければつとまらないようです。

第1章

学習能力の高い子にするには

1 勉強の好きな子とは?

「うちの子、全然、本を読まないんですよぉ、どうしたらいいですかねぇ?」
「勉強を好きにさせるにはどうしたらいいでしょう?」
といった質問を保護者の方からよく受けます。教師としては一番困る質問です。

自分の子どもが二人とも医学部に通っている、という事実をあまり知られないようにしていました。

なぜだかわからないのですけれど、それを知られてしまった途端、一歩ひいてしまう保護者の方がとっても多いから。でも何かの拍子に知られてしまうと、「必ず」と言っていいほど同じ質問をされます。

「勉強が好きな子にどうやってしたんですか?」、「どうやって勉強を好きにさせたんですか？」

時には、

「お子さんたちに、日に何回くらい勉強しなさい、と言っていたのですか？」

とも聞かれます。

答えは…。「勉強しなさい」と日常的に言ったことはありませんし、特別な何かをしたわけでもありません。

「一緒に映画に行って」とか「新しいお店ができたからランチ一緒に行こう」とか遊びの誘いをして、「あとでね」なんてうるさがられたことはしょっちゅうでしたけれど。

でも、生まれた時からずっと、何気ない日常の中で、学びの要素、やがて力の礎となるものは与えてきたように思います。遊びの中に。何気ない会話、声掛けの中で。

小さな頃から本を読んだり、物語を作ったり、何かを観察したり、名前を覚えたり…そんなことが大好きな子たちでした。彼らの頭の中には「お勉強をしている」という感覚は全くなかったのではないかと思います。

少し大きくなってからは、他のお子さんが漫画を読んだり、ゲームをしたりするように物語の本を読み、算数の問題を問いていました。彼らにとって、それは楽しいワクワクする行為でしたから、あえて「やりなさい！」という指示をする必要は全くありませんでした。

勉強ができるようになるってどういうこと？

頭の回転の速い子、ひらめきのある子、おしゃべりの表現が上手な子、などなど、頭のいい子だな、っと思わせてくれる子どもがいます。しかし、頭のいいことと勉強ができることは必ずしもイコールではありません。

どういうことかというと、〝勉強ができる〟とはつまり、試験の点数が良い、ということです。頭がいいからといって試験の点数が高いとは限りません。

勉強さえできればいい人生を送ることができるとは限りませんが、目標を決めたらそこにまっしぐらにつき進める子になってほしい、試験の点数が上がれば将来の選択肢の可能性も広がるから…と思うのが親心というものです。

では、試験の点数を上げるにはどのようにすべきなのでしょう。どんな力が必要になるのでしょうか。

黒田式
導きの極意
①

「勉強しなさい」は日常的に言わない。

必要なのは集中力・推察力・想像力

医学部受験や偏差値の高い大学受験に勝ち抜くには、幅広い知識のほかに、多種多様な力が求められます。

難しい問題にもあきらめずに答えが出るまで向き合える集中力。

どの方針・作戦で目の前の問題に取りかかればよいかを判断できる推察力。

狭い視野・思考範囲にとらわれず、自由な発想で考察できる想像力。

残念ながら、それらは高校生になってからでは、なかなか身につけることができません。中学生でもちょっと厳しいかもしれません。

では、いつ？　どうやって？

答えは…「幼児期」に「絵本読み」によってです。

絵本が教えてくれるたくさんのこと

我が家の本棚には、今でも子ども向けの絵本がたくさんあります。ずいぶん多くの本を処分してしまったのですけれど、子ども達が大好きで、何回も何回も小さな手が触った本は捨てることができませんでした。

二人が特に好きだったのは「しろくまちゃんのほっとけーき」。

「ぷつぷつ」「ふくふく」など、ホットケーキが焼けていく様子が音で表現されているのですけれど、それがリズミカルで楽しくて、子どもの心だけでなく、読んで聞かせる大人の心も弾ませてくれます。その場面になると二人ともニコニコして私と一緒に大きな声で「ぷつぷつ」「ふくふく」。

私がわざと少し間をおくと、「早く早く」と言わんばかりに腕をつかんだりぴょんぴょんと腰を浮かせたり。次に何が起きる、と話の内容は知っていても、毎回毎回、本当に楽しそうにしていました。

また、この絵本には（気づいていない人が多いのですが）特筆すべき大きな特徴があります。全ページを通し、主人公のしろくまちゃんの表情が同じなのです。ホットケーキを作り始める前、作っている時、焼きあがった時…どんな時にも表情が変わりません。

ですから、その時々のしろくまちゃんの気持ちは、子ども達が自由に想像することになります。**それが子ども達の想像力を育てるのにどれほどの効果があったか**…まさに想像するに余りあります。

しろくまちゃんの絵本はほんの一例ですが、**ひとつのストーリーの展開をじっくりと確認することで集中力が、ページをめくるごとに次に訪れる話の展開を待つことで推察力が、知らず知らずのうちにどんどんと身についていった**のです。わずか数ページの絵本が、我が家の子ども達の能力を大きく開花させてくれました。

幼児期を絵本と出会うことなく過ごすのは、ものすごくもったいない気がしませんか？

黒田式
導きの極意
②

集中力・推察力・想像力の
すべてが身につく魔法のような道具。
それが絵本。

本好きな子にするには？

①読み聞かせの本はどんなのがいい？

子どもたちが小さかった頃、毎日、たくさんの本を読んで聞かせていました。もっともフルタイムで勤務するワーキングマザーが子どもとの読書の時間を確保するのはとても大変なこと。一日働いてクタクタになって帰ってきて家事を済ませてから、さらに音読をしなくちゃ…と義務になっては気持ちが苦しくなりますよね。ですので、電車の中で、病院の廊下で…少しでも時間を取れるところをみつけてはどこででも読んでいました。

私のバッグの中にはいつも子どもたちの本が入っていました。でも私のバッグに入れて持ち運べる本でなければなりませんから、厚くて重いものは駄目。本屋さんの入口付近によく置かれている回るスタンドで売られている、漫画チックな挿絵の入った薄くて小さな本はとっても助かりました。

雑誌や本で紹介されている「チョットいい話」なんていうのを切り取っておいて読んで聞かせたこともありました。「世界名作全集」とか「子どものための名作選」などという立派な本はあまり縁がありませんでした。

お母さんの生の声を聞かせて子どもの気持ちをワクワクさせること、そして「**そのワクワクする気分はお母さんの声を通して伝えられる文字によって記されたものである**」。このことを知らせられればなんでもよかったのです。ワクワクどきどきさせてくれるものを子どもたちが好きになるのは当然のことなのですから。

黒田式
導きの極意
③

楽しい‼　ワクワクする体験。
与えるのはこれだけ。

思い出に残る絵本たち。②は算数の基礎を作ってくれた絵本。

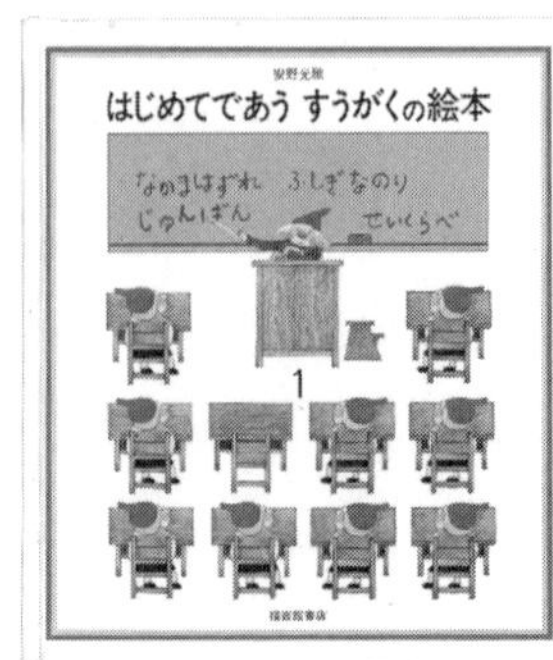

③はじめてであう
すうがくの絵本
安野 光雅
福音館書店

①しろくまちゃんの
ほっとけーき
わかやま けん
こぐま社

④わたしのワンピース
にしまき かやこ
こぐま社

②10人のゆかいな
ひっこし
安野 光雅
童話屋

②読み聞かせスタイル～お母さんは名女優

電車の中でも、どこかの待合室でも、私が子どもたちに本を読んでいると、いつのまにかたくさんの子どもたちが集まってきました。時には子どもたちばかりでなく、お父さんやお母さんたちまで。

多くのギャラリーがいると余計に熱が入り、いい気になって次々に読んでしまい、降りる駅を乗り越してしまうことまでありました。

登場人物に成りきって思いっきり大げさにやるんです。

お姫様の言葉なら自分もディズニーの白雪姫やシンデレラになった気分でエレガントに。ウサギや小鳥のセリフなら小さな子どものような声で、わざと舌足らずに可愛らしく。海賊のセリフなら極悪人になりきって最高に怖そうに、そして苦々しく…。女優の気分で演じ切ることが大切です。子ども達が大喜びをしてくれます。

この女優気分は実際やってみると楽しいものです。子どもに読み聞かせをしながら、いつのまにか自分自身のほうがワクワクと楽しい気持ちになっています。

お母さんが楽しんでいる気持ちは子どもにも伝わるもの。いやいやながら義務感の中でやっている行為だったら子どもたちだって「やってもらっている」「忙しい時間をさいて、自分のためにお母さんが頑張ってくれている」と小さな罪悪感を感じてしまいます。それでは思いっきり楽しめるはずなどありません。

一緒に楽しい時間を共有すればこそ、子どもたちが心から楽しむことができるのですから。

③お母さん自身も本好きになっちゃおう

「うちの子、本を読まないんですよ。どうしたらいいでしょう?」

こんな質問をされた時、私はこう聞くことにしています。

「お母さん、本を読むのがお好きですか? お子さんの前で本を読まれていますか?」

すると、たいていのお母さんは

「いいえ、私があまり読書が好きではないので、子どもだけは本を読むのが好きな子にしたいんです」

お母さんが好きではないものを、子どもが好きになるでしょうか？　お母さんに、本を読む習慣がないのに、子どもだけ本を読むようになるでしょうか？

答えは間違いなく「ＮＯ」。

楽しそうに、あるいは夢中になってお母さんが本を読む姿を見て「お母さんがあんなに楽しそうにしている。本を読むのは楽しいのかもしれない」そう思って、子どもたちは本を読むことに興味を持ち始めるのです。

ですから、本好きな子どもにするにはまず、お母さん自身が読書を好きになること。そして夢中になって本を読んでいる姿を子どもに見せることが大切です。

でも、もしどうしてもお母さんが読書を好きになれない場合は…

きちんとした文芸本や難しそうな政治経済の本である必要は全くありません。どんな形態のどんな内容のものでもよいのです。「文字で書かれたことを理解するのは楽しいよ」ということを見せればよいのです。週刊誌や挿絵入りの楽しそうな本、漫画でもいいと思いますよ。

また、お母さんが毎日、新聞を真剣に読んでいたら、子ども達は「あの大きな紙にはお母さんを夢中にさせる、とってもおもしろいことが書いてあるらしい」そう思います。子どもが興味を持つようになるには新聞も、まずお母さんが読む姿勢を見せるところからですね。大忙しのワーキングマザーが思う存分、読書を楽しむことなどできるはずがありません。でも子どもたちがそばにいる時、少しの時間を見つけては本や新聞を読んでいました。子どもたちがふと横を見ると、隣ではお母さんが本を読んでいる…そんな感じでした。

お母さんが本を読んでいる横で、お子さんも一緒に絵を眺めたり、文字が読める子は本を読んだりする、そんな静かで平和な時間。子どもが幼いとき特有の幸せなひとときのひとつですが、**この時間の中でも子どもたちの力はぐんぐん育っている**のですね。

黒田式
導きの極意
④

子どもに本を読ませたかったら、新聞でも本でも、お母さんが読んでいる姿を見せる。
↓
本を見ること、読むことが生活の一部になる。
↓
子どもに本を読む習慣がつく。

絵本の選び方

たくさんの絵本の中から本を選ぶ時は、お母さん自身が読んでみたいものを選びます。育児書や育児雑誌で有名な教育学者が勧めているから、脳科学者が脳の発達にいいと言っているから、なんていう理由で本を選んではいけません。他人がいいと言った本でもお母さんにとって面白いものでなければ、子どもに良い影響など与えられません。

自分自身が幼い時に好きだった思い出の本でもいいですし、色使いが綺麗で思わず手に取ってしまったものでもよいと思います。**お母さんが「読みたい」と思ったものならば。**

表現力の芽はお母さんから

ここまで、集中力、推察力、想像力を身に付けるにはまず絵本から、というお話をしましたが、次に表現力についてはどうでしょうか。人に何かを伝えたい時、伝えなければならない時、きちんと表現して伝えることができる能力、それが表現力です。

たとえば、**可憐なお花や輝く星の美しさを見た時の喜びや嬉しさを、子どもの前で表現していますか？　美しさ、喜び、嬉しさを、子どもにお母さんの声で伝えていますか？**

お母さんが使ったさまざまな形容詞が、将来、子どもの表現力の芽となります。言葉の響きや美しさ、軽やかさは、子どもの言葉に対する豊かな感性を生み出します。言葉に対する感性は、学習能力にも非常に関係するものです。

黒田式

導きの極意

⑤⑥

- 他人が勧める絵本ではなく、お母さんが「読みたい」と思ったものだからこそ子どもに良い影響を与えられる。
- お母さんが使う形容詞が子供の表現力の芽となる。

豊かな好奇心・集中力をつける過ごし方

好奇心の旺盛な子にするには

「何かを知りたい」「学びたい」という気持ちが勉強ができるようになるおおもと。**いくら頭のいい子でも知的好奇心が旺盛でないと勉強ができるようにはなりません。子供が見るもの聞くもの、あらゆることに興味関心をもち、「もっと知りたい」とか「どうしてそうなるの」と思える好奇心の芽がスクスクと育っていくにはお母さんのちょっとした日々の導きが必要です。**

子どもと一緒にいられる時間は限られていましたが、とにかくできるだけ長く一緒にいて、同じ物を見、気持ちを共有するようにしていました。買い物に行く時も、本当は一人で出かけササササッとすませてしまうほうが楽なのですけれど、できるだけ子どもたちも連れ出すようにしていました。

スーパーまでの道すがら、空を眺め、雲を眺め、周囲にあるさまざまなものを一緒に見て、それについてたくさんの会話をしました。


「あの雲、何に見える？」

「アイスクリーム」と息子が言うと
「アンパンだよぉ」と娘。

「ママはなんだと思う？」

「う～ん、メロンかな」


「お空にたくさん鳥がいるよ」

「どうしてみんな、同じ方向に飛んでいくのかしら？」

「リーダーがいるんじゃない？」

「えっ、どの子がリーダー？」

「あのちょっと大きめなのがそうじゃない？」

「違うよ、他の子より早く飛んでいる、あの小さな子だよぉ」

親子3人でそんな会話をするのは本当に楽しいものでした。空の鳥など、日常的に見すごしてしまいがちですが、そういったことについてあえて会話をすることで、好奇心の芽を育てるようにしていました。

タロウが小学生の時のエピソードです。

「タロウくん、今日は学校で何をしたの？（何を学んできたの？）」

「ずっと空を見ていたよ。お空の雲がとってもおもしろくって」

また、ある時は、

「ずっとアリを見てた。巣に1日にどのくらいのアリが出たり入ったりするか知りたくて」。

こんな子がクラスにいたら、担任の先生は困ってしまいますよね。タロウにそこまで徹底して観察することを許してくれた湘南学園小学校の先生方に、今、あらためて感謝せずにはいられません。**子どもが集中して何かをしている時、観察している時、子どもの中では大人にははかりしれないことが起きています。**大人がそれを止めたり邪魔をしたりしてはいけません。

黒田式
導きの極意
⑦

子どもが知的好奇心を広げ、
集中力をつけている時に、
それを止めたり、邪魔をしたりしない。

3 成績の優劣は「根気」で決まる

繰り返し学習のできる「根気」をつけるには

高校生を教えていて日々実感しているのは、成績の優劣の違いは、繰り返し学習のできる「根気」があるかないかによる、ということです。

何か一つ新しいことを学んでも、それをしっかりと自分の知識にするには何度も書いたり読んだり、問題を解いたりする繰り返し学習が必要です。でもそれをするには、それなりの根気が必要です。あまり勉強が得意ではない生徒達が必ず口にするのが「だりぃ」「疲れた」「えー、まだやるの」「もう、やだ」です。

「繰り返し学習」は彼らにとって、おっくうでかったるい嫌なもののようです。

小さな頃に、嫌なものと思ってしまう前に「繰り返し学習」を習慣づけしてしまうことが大切です。

黒田式
導きの極意
⑧

成績の優劣の違いは、繰り返し学習のできる「根気」があるかないか。小さいうちに「繰り返し学習」を習慣にしてしまうことが大切。

線を書くことから

一番最初にやるべき「繰り返し学習」は線を描くこと。

直線を描くことは難しいので「らせん」が適当です。何度も何度も、何本も何本も描かせます。紙いっぱいに描けた時、ここでも大げさなくらいにほめてあげます。すると子どもは次の課題を求めます。

次は△とか○とか…いろいろな形を描いてみましょう。それもできるようになったら、書店で売っている「あいうえお」を書かせるドリル帳を買ってきます。もちろんそれを1枚ずつ、あるいは一文字ずつやっていくのですが、ちょっと工夫をすることをお勧めします。**コピーをとっておいてお母さんも一緒にやるのです**。その時には「じゃあ1分間でいくつできるかやろう」などと簡単な条件を加えます。子どもはゲームが好きですから、そんなゲーム感覚の学習なら、楽しみながらやります。ここでも大切なのは、1枚、あるいは一文字できるごとに、大げさなくらいにほめること！

こういうことができるようになると、いつのまにかお母さんがそばにいようといなかろうと自ら進んでやるようになります。なにせ、とても楽しいことですから。線、そして、図形、次には文字（ひらがな）へと進みます。

驚くほどの効果をもたらす「らせん」書き

この「らせん」を描くという作業は、ただ繰り返し学習の習慣づけをさせるだけでなく、いろいろなことに教育的効果をもたらします。最近の高校生の答案用紙を見ていて感じるのが「とっても筆圧が弱い」ということです。文字を書くための筋肉がきちんと手についていないのです。

医学部入試の場合、多くが記述試験、さらに２次試験には小論文があります。医学部以外の大学入試でも、筆記試験や小論文を課すところがほとんどです。内容が同じくらいに素晴らしかったら、綺麗な字できちんと書いてある方が印象がいいに決まっています。書いてあるのかないのかわからないような弱々しい文字でクニャクニャと書いてあったら、採点者だって、読む気がしなくなるというもの。それなりの筆圧で綺麗な文字で答案用紙は仕上げてほしいものです。文字を書くのに必要な手の筋肉をつけるのに一番いい練習が、この「らせん書き」です。

また、**らせんの曲線の曲がり具合をそろえて綺麗に書く、という作業をするには、子どもにとっては相当な集中力が必要です。**知識・頭脳はもとより根気と集中力は不可欠です。それらを小さな頃から身につけておくと楽なのは言うまでもありません。

らせん書きに慣れてくると、大きさや幅、そして曲線の曲がり具合を替えて、いろいろならせんが書けるようになります。芸術的なほど綺麗なものもかけるようになります。すると、子どもにも欲が出てきて「もっと綺麗なのを書きたい」と思うようになります。幅が全く同じもの、1ミリの違いもないものを。

その「1ミリも違わないようにしようというこだわり」が、実は勉強ができるようになるためにはとても大切なことなのです。ちょっとくらい間違ってもいいや…と正確に漢字や英単語のスペリングを覚えない子、計算が違っていても気にもならずになんとなく解いている子。その子たちに共通しているのは、「まあ、いいや」という妥協です。

「1ミリも違わないようにしようというこだわり」を持った子は、それができないととても気持ちが悪かったり悔しいと思うのです。**物事をきちんとやっていこうという積み重ねが、結局はその子の力となります。できないこと、わからないことをそのままにしておくことが気持ちが悪い…その積み重ねが、効率よく勉強する力をつけさせます。**

また、「1ミリも違わないようにしようというこだわり」は、実は入試（医学部だけでなくあらゆる入試）を突破するにあたって、とても大切なことなのです。倍率の高い医学部はもちろん、偏差値が高くボーダーラインに何千人もが並ぶ人気大学の入試では、**わずか1点の差が明暗をわけることになります。英語なら3人称単数の動詞にsをつけ忘れるとか、そんな初歩的なミスでも命取りとなりかねない**のです。

細部まで神経をいきわたらせることは本当に大切なことです。

でもそのこだわりは高校生になってからの受験期間に簡単に身につくわけではありません。子どもの頃からしっかりと確実に体得しておきたいものです。らせん書きがもたらしてくれる教育的効果は驚異的なものです。

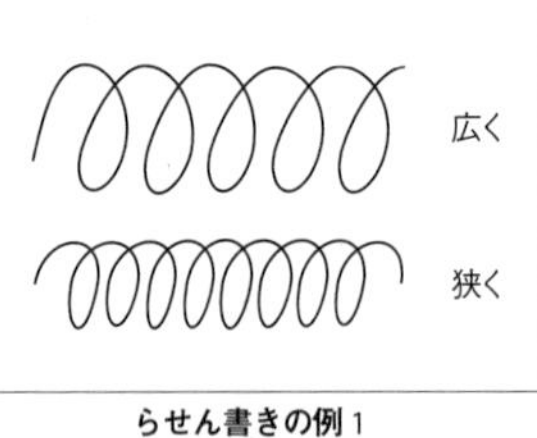

らせん書きの例 1

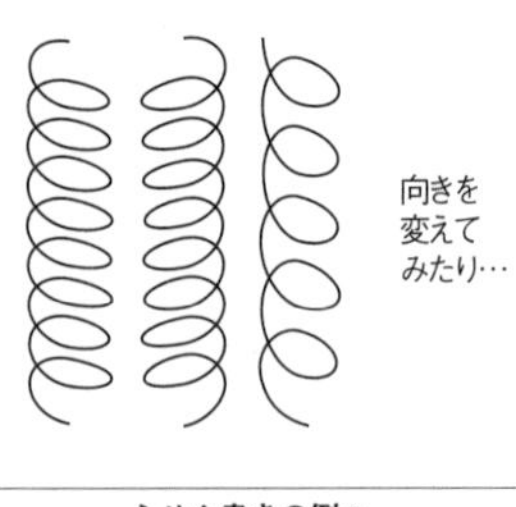

らせん書きの例 2

黒田式
導きの極意
⑨

「1ミリも違わないようにしようというこだわり」が、入試（医学部だけでなくあらゆる入試）を突破する力となる。

根気と集中力をつける遊び

実際にうちの二人の子ども達が就学前の頃に面白がってやった活動を少しだけ紹介してみましょう（これは私が大学時代に出会ったモンテッソーリ教育からヒントを得たひとつの遊びです。モンテッソーリについてご興味のある方は専門の本をお読みいただければと思います）。休日でせっかく子どもたちと遊べるのに雨が降っている日や、夕食後のちょっとのんびりできる時間に、10～15分位行うのがよいです。あまり長いと飽きてしまって逆効果。「またやりたい」と子どもが思うくらいが丁度よいのです。

①おはしと豆

器の中に少し大きめの豆（小豆では小さすぎます）を入れておきます。横にもう一つ器を用意しておきます。

子どもにお箸を持たせ、お箸で一粒ずつ豆をつまませ横の器に移させるのです。まだ幼い子どもにとっては、お箸を持つこと自体、難しいこと。お箸で、小さくてすべりやすいお豆をつまむのは、さらに大変なこと。そう簡単にはできません。**指先や手の甲、そして手首の良いトレーニングになるだけでなく、相当な忍耐力と集中力がつく**のは納得のいくことでしょう。

②紙と糸と縫い針

あらかじめ、白い紙に少し間隔をあけて赤い点（-　-　-のように）を書いた物と赤い糸をとおした少し太めの針を用意します。

子どもにその線の上に赤い糸がくるように針で縫わせるのです。慣れてきたら、線の間隔を少しずつ短く（- - -）のようにしていきます。そしてもっと慣れてきたら「-―-―-―」のように間隔をイレギュラーにしていきます。

点が描く図形も最初は線、それから三角、そして円、それかららせん状、のようにどんどん難しくしていきます。**集中力、忍耐力はもちろんですけれど、赤い糸に注目しながら作業をすることで鋭い観察力を身につけることができる**のです。

これらの針などを使う活動をやらせる時に守らなければならない約束事がありあます。「お母さんは必ず子どものそばで見守る」ということ。お箸や針などの道具の使用は、子ども１人ひとりの発達段階に応じて行ってください。

子どもはいつでも「お父さん・お母さんから認められたい」と思っています。何かがうまくいった時、「どう？」と言わんばかりに、お父さん・お母さんの顔を見ることでしょう。その時には、「よくできたね」「偉かったね」と思いっきりほめてやってください。

この達成感の積み重ねが、将来、人生を賭けて大きな決断をしなければならない時、自分を信じ、自ら前進できる意志の強さとなっていくのです。

黒田式
導きの極意
⑩

日々の達成感の積み重ねが、自分を信じ、自ら前進できる意志の強さとなっていく。

子どもの好きな「まねっこ遊び」は教育効果も絶大

うちの子ども達が大好きだった遊びをもう一つ紹介します。小さな子ども達はおかあさんのマネをするのが大好きです。どの子でもキャッキャッと大きな歓声をあげ、やってくれるはずです。

①音まね

お母さんが出す声をまねさせる、という簡単なことです。

最初は「あ～あ」とか「はいはい」などの短いもの。次に「あ～あ、う～う」とか「はいはい、えいっ」などのようにいくつかの音を連続させたもの。それに慣れてきたら、今度はちょっと抑揚というかリズムをつけて。さらに慣れてきたら、声のトーンを高くしたり低くしたり、という徐々に複雑なものにしていきます。

それから動物の声をまねたり、乗り物の音を取り入れたり…お母さんが好きな歌の一節でもいいです。お母さんが心から楽しめる音ならなんでもありです。

②顔まね

お母さんの表情を一緒にやる遊びです。

最初は片目をつぶる、舌を出す、といった簡単なもの。次に片目を閉じて舌を出す、といういくつかの動作を組み合わせたもの。慣れてきたら、閉じている目を途中で変えたり、出した舌を右から左に移動させたり、と変化をつけます。そして、手をあげる、とか、足を鳴らす、とか首を回す、などの身体の各部位の動作に進んでいきます。子どものお気に入りの唄を歌いながらや、好きな曲をかけながらやれば、もうそれは楽しいダンスタイムです。

お母さんがいつもとは違う面白い表情を作れば作るほど、動作が複雑になればなるほど面白がってやります。この遊びの時に、じっとお母さんを見つめる子どもの集中力にはドキッとさせられます。わが家では、こういった遊びを日常的に行っていました。

4

たくさんの成功体験で自分に自信を持たせる

「どうせ私なんて」。そんな悲しい言葉を高校生が言うのを耳にします。その言葉のあとに続くのは「できっこない」。

やってみる前からすでにあきらめているのです。どうしてそんなふうに思ってしまうのでしょう？

それは、小さな頃から**「やればできる」「やってみれば、必ず何か成果が得られる」という気持ちを味わったことがないから**です。自分にはできるはずのないこと、と決めつけてしまうのです。無駄なことをやりたがらないのは大人も子どもも同じです。

努力をすれば、喜びや満足感、そして時には大きな感動を味わうことができる、ということさえ知っていれば、子どもたちだってやってみよう、と思うに違いありません。

私はできるだけたくさんの成功体験をさせることにしていました。勉強のことに限らずどんなことでも。

そしてそれは日本一に輝いたチアリーディングの高校生たちについても同じだったと思います。

※その時のことはテレビでも紹介され、ＹｏｕＴｕｂｅにもあがっていますのでよろしかったらご覧下さい。ＹｏｕＴｕｂｅで『ランサーズの奇跡』と検索すると出てきます（https://www.youtube.com/watch?v=b8Sa-QM9zSE）。

黒田式
導きの極意
⑪

自ら努力する子にするには、喜びや満足感、時には大きな感動を味わう体験を。

成功体験は遊びの中でたくさんさせてあげる

遊びの中で成功体験の喜びを感じさせる時、行為の内容というか課題は、簡単であればあるほどいいです。とても**低いハードルから始めて徐々にハードルを上げていく**のです。

たとえば、子どもたちは「ぬりえ」が大好きです。色彩感覚のこととか手先の器用さの優劣で、成長段階で嫌いになってしまうことはあっても、少なくとも、まだ幼児の頃には、ほとんどの子は好きです。

初めてやらせてあげるぬりえはできる限り簡単な絵を選びましょう。使う色は2色か3色。線から多少はみでていても、親が見て「なんだこれぇ?」と言いたくなるようなものであっても、最後まで完成させた、という事実が何よりも大切です。

「ママ、できたよ」子どもが得意げに持ってきたら、最高の笑顔で「すごいね、よくできたね」と言って抱きしめてあげましょう。

おかあさんにほめられると、子どもの心の中の「やる気」に火がつきます。

「ママ、次は？」

前回よりほんの少しだけ複雑な絵を選びます。

黒田式
導きの極意
⑫

①低いハードルの課題を与える。
↓
②徐々にハードルを上げていく。
↓
③成功体験。
↓
④これを繰り返す。

使う色が4色か5色になりそうな少しだけ複雑なものを選びます。ここで欲張って一気に10色使わなければならないような、あるいは複雑な絵を選ばないようにしましょう。

そして出来上がって喜び勇んで見せに来た時には

「今度は色を5つも使ったのね。」

と**前回よりも成長した点をきちんと言葉にしてほめてあげます**。

どういうところがすごいのか、とか、どういうところが頑張れたのか、それを具体的に知らせておくと、後に効率よく学習する習慣を身に着けることができます。

受験勉強をしている生徒が悩みを打ち明けにくることがあります。「一生懸命にやっているつもりなのに、なかなか成績がのびない」と。

「昨夜はどのくらい勉強したの？」

「3時間です」

「3時間の中で新しく覚えたこと、知ったことを書き出してごらん」

そして数分後…。生徒は「書けません」と言います。３時間、机に向かっていたものの、頭には何も入っていなかった…机に向かい、あまり意味のない勉強の仕方をし、はっきり言うなら、無駄な時間になってしまったということです。言うまでもなく勉強は「〇時間やった」ということより、「これだけのことを覚えた（あるいは）これだけの問題が解けた」という成果の方が重要です。

小さな頃から自分の成長をしっかり確認する習慣をつけておきましょう。

黒田式
導きの極意
⑬

どういうところを頑張れたのか、それを具体的に知らせておくと、後に効率よく学習する習慣を身につけることができる。

後々、役に立ったのは「分類遊び」

幼児期から小学校低学年の頃の子どもは分類遊びが大好きです。たくさんやらせてあげましょう。**分類すること、整理することは、例えば受験という高いハードルを越える勉強の時にとても役に立ちます**。

一番わかりやすいのは図形の分類です。お母さんがまず、大きな○、△、□を紙で作り、子どもに見せます。お母さんは次にいろいろな大きさの○△□を作ります。色が塗ってあるとさらに効果的です。

最初の○△□をテーブルの上に置き、いろいろな大きな・色の○△□を持たせ「○さん達を○さんのお母さん、△さん達を△さんのお母さん、□も…、みんなをお母さんのところに連れていってあげて」と指示をします。

その指示の表現は年齢に合わせて替えてください。

たとえば小学生なら「同じ仲間どうし分類してみて」と言った、その指示内容もきちんと理解することが求められるようなのがいいかと思います。うまくできたらもちろん大げさすぎるくらいにほめてあげましょう。

それから、動物や植物、食べ物、乗り物…「同じ仲間はどれ?」ごっこをお母さんと一緒に楽しむようにします。するといつのまにか、子どもは自分ひとりで、いろいろな分類遊びを自分で作り、自分で楽しむことができるようになります。

初期の頃の教具（道具）はお母さんが用意してあげましょう。新聞の折り込み広告に出ている食品や動物の写真を切り取ったり、もう捨ててしまう雑誌のお花や建物の写真を切り取ったり…。私はあまり絵をかくのが得意ではありませんでしたけれど、図鑑を見ながら魚や動物の絵を描き手作りの教具を作りました。へたっぴな絵なのに、子どもたちがとても喜んでくれて、小学生になる頃まで大切に持っていてくれました。「お母さんが作ってくれた世界で私だけのもの」という気持ちだったのでしょうか。

小学校に入学すると、学校や担任の先生の方針の違いで多少の量の差はあっても、宿題が出されると思います。子ども達の成長段階に合わせて出されるのですから、毎日毎日それをきっちりとやるのがよいのですが、でもあまりに量が少なかったり、あるいは全く出されないようでしたら、お母さんが用意してあげてもよいでしょう。本屋さんに行くとワークブックや練習帳などいろいろな種類のものが売られています。それを子どもと相談しながら選ぶのも楽しいかもしれませんね。

黒田式
導きの極意
⑭

〝分類〟が得意になると、勉強でもどこが苦手なのか、自然に自分で気づくようになる。

5 基礎の大切さ

うちの子ども達にとって英語は何よりの得意科目でした。でも実は、他の教科に比べると費やした時間は圧倒的に短いものです。

ではどうして英語が得意科目だったのでしょう?

英語教師の私がつきっきりで教えたからではありません。それどころか私は自分の子どもに英語を教えた記憶がほとんどありません。幼児の頃から英会話教室に通わせたことも、高額な語学学習教材を与えたことも、ちまたで評判の英語塾に通わせたことも家庭教師をつけたこともありません。

その答は小学校の時の国語の授業にあったのではないかと思います。二人とも地元・藤沢にある湘南学園小学校というところに学びました。いろいろな特色のある学校ですが、「基礎学力充実」のための徹底的な指導のすごさには驚くばかり。特に国語の学習については「ここまできちんと教えて頂けるとは…」と同じ言語を教える教育者として頭の下る思いでした。

ある日、娘が学校から帰ってくると、こんな面白い歌を聞かせてくれました。

「遠くの大きな氷の上を、多くのオオカミ十ずつ通る、ほおずき咥え、こおろぎ乗せて〜」

とおくのおおきなこおりのうえを、おおくのオオカミとおずつとおる、ほおずきくわえ、こおろぎのせて

口語に慣れてしまっていると、「とうく」「こうり」「とう」「ほうずき」と誤って表記してしまいそうな単語を並べた唄。正しく表記できるように子どもの頭の中に記憶させるた

め作られた唄でした。

これは、子ども達に正しい表記の知識を教えてくれただけでなく、言葉に対する注意深さ、感性を身につけさせてくれました。その注意深さや言語に対する感性こそが、後々、英語という外国語を習得する時に役に立つこととなりました。まさに英語学習の礎となったのです。

多くの子ども達が苦労をする、**日本語とは全く体系の違う英語文法の学習も、注意深く言葉を覚える習慣のある子ども達には、さほど難しいことではありません。**そして、表現の小さな違いを瞬間的にとらえられる感性の鋭さを持つ子ども達にとって、大人にとっては頭が痛くなるような面倒くさい文法を覚えることも、全く辛いことではなかったのです。それどころか、子どもの頃、あの面白いかぞえ唄を覚えたように少しワクワクしながら取り組むことができたのです。

英語をできるようにさせたかったら、「小学校での国語の学習を大切にし、言語に対する感性を鋭くさせておく」。

これが一番の近道だと思います。

黒田式
導きの極意
⑮

英語ができるようになるには、小学校低学年での「国語」が勝負。

6
基礎の基礎の、そのまた基礎が大切

この本を書いている時、テレビではフィギュアスケートグランプリファイナルの映像が流れ、浅田真央選手の優勝を伝えていました。

翌日の新聞には、彼女の今回の勝因についての分析が載せられていました。

前回のオリンピックで惜しくも銀メダルに終わってからコーチを代えたこと。そのコーチの指導のもとスケートの基礎の練習に最も長い時間をかけたこと。基本に立ち返り徹底的に正しい滑りを身につけたことで、全ての滑りの精度を高めることができたこと。

それらが結果的には、高度なジャンプやステップの完成度を高めることにつながった…と。

以前、部活の教え子たちと一緒に地元、神奈川の湘南ベルマーレの試合でチアリーディングの演技をさせていただいていたことがあります。ベルマーレといえば、あの中田英寿選手が在籍していたことで有名なチーム。関係者の方と話をしていた時、中田選手のベルマーレ在籍時代でのことを耳にすることがありました。試合で、観る人を魅了する華麗なスーパープレーを披露することの多かった中田選手が練習中、最も長い時間を費やしていたのは、サッカーを始めたばかりの子ども達がやるような基礎的な練習だった、とか。

横浜F・マリノスの試合で演技をさせていただいていた頃も横浜DeNAベイスターズ（当時は横浜ベイスターズ）の試合で演技をさせていただいていた頃も、それぞれのチームの中核を担う選手の話題となると、同様の話を聞かせていただいたものでした。

どんなスポーツでも一番大切なのは「基礎」。同様に、勉強において、最も大切なのは「基礎力」です。医学部受験は確かにとても大変なこと。合格するには相当に高い学力と抜きんでた集中力が必要となります。でも、その全ては基礎力の充実なしには身につけることはできません。

では勉強においての基礎力の充実とは具体的にどのようなことを言うのでしょう？

私は英語科の教師ですから英語について言わせていただくと、中学校で学ぶことを大切にすることです。

本屋さんに行くと英語の学習問題集がたくさん売られています。目次を見てみてください。五文型・受動態・現在完了形…目次に書かれている項目を数えてみれば、分け方で多少の違いはあっても、たいていは12か13。難度の違いはあっても、それだけの数の内容しかないのです。そして現在完了形などいくつかの項目以外は全て中学校の英語の授業で学ぶことです。

また、受動態・現在完了形など高校生になってもなかなか理解できない生徒もいる項目は、中学校で学んだ「動詞の活用」がしっかりと頭に入っていなければ、完全にマスターすることはできません。

高校の教壇に立つ立場の人間として、あまり大きな声では言えないのですが、英語の学習について言えば、中学校での10分間の勉強は高校での1時間分くらいに相当するのではないかと思っています。それくらい中学校で学ぶ基礎的な知識が重要なのです。受験の英語は「基礎力なくして勝機なし」です。

高校生で「勉強しているのに、なかなか英語の成績がのびない」とか「どこから勉強したらよいかわからない」と悩む子がいます。子どもがそんなことを言って悩んでいたら、**「中学校でやったことから、じっくりやり直してみよう」と導いてあげることをお勧めします。**

黒田式
導きの極意
⑯

「基礎力なくして勝機なし」
基礎の基礎の、そのまた基礎が大事。

教科書は何よりも優れた教材

新年度が始まったばかりの4月、高校3年生の授業に行くと、教科書を開かず、とっても難しい問題集を開き勉強をしている子がいます。

学校での学習が完成され、その上での応用ならよいのですが、教科書をなおざりにして、「難しそうにみえる」問題集ばかりをやるのは時間の無駄遣いです。

高校の教師になって30年…いろいろな教科書を使わせていただきましたが、たいていの教科書に書かれた文章は格調の高い素晴らしいものです。それらの文章が完璧に頭に入っているならば、読解力を問う問題でも英作文の問題でも語彙に関する問題でも、容易に、というか自信をもって立ち向かえると思います。

私の子ども達も、英語学習を始めた時、最初に手にした教科書PROGRESSの文章を何度も何度も音読し、ほぼ完ぺきに頭の中に入れました。塾に行くことなく、大好きなこと（娘はバレエ、息子はバスケットと囲碁）に熱中しながらも英語の勉強で困ることはなかったのは、そのおかげだったと思っています。

黒田式
導きの極意
⑰

「難しそうにみえる」問題集ばかりをやるのは時間の無駄遣い。教科書に書いてあることを全部頭に入れること。

こまめにチェックとフォローを

私はフルタイムで勤務していましたし、週末の土日も部活で出勤をすることが多く、子どもと一緒に過ごせる時間はほんのわずかでした。でも、子どもと一緒にすごせる時には、学校でどんなことを学んでいるのか、それを子どもが負担と感じていないか必ずチェックをしました。

もし、子どもがちょっとでも不安を感じている、とか理解できずに困っていると思った時には、すぐに対応をしました。お昼休みなどの少し時間が取れる時に、３〜４問くらいの１分程度で仕上げられるワークシートを作り、そしてその日の晩か、遅くとも２、３日のうちに一緒にやってみます。１分でできるワークシートですから、そんなに時間がかかることはありません。

一緒にやり、「できた！」という感覚を味わわせます。ちょっとした成功体験をさせるわけです。

翌日、子どもたちの顔が心なしかキラキラと輝いていたのは言うまでもありません。

黒田式
導きの極意
⑱

こまめなフォローに子どもは救われる。
不安を持っていたり
理解できずに困っていたりするときは即対応。

7 適度な競争は闘争心を燃え上がらせる

子ども達が通った中学校、そして息子が学んだ高校では、成績上位者を発表していました。特に息子の高校では成績優秀者の名前がＰＴＡ広報誌に掲載され、校内の廊下に掲示されます。

息子は高校3年間を通じ、ほとんど首位の座を譲ることはありませんでした。スポーツにおけるディフェンディングチャンピオンのように、一度最高位についてしまうと、そこから陥落するのが恐ろしかったようで、その座をキープすることにとことんこだわっていました。

練習の苛酷なラグビー部に所属し帰宅時間も遅く、勉強に取り掛かれるのは夜もかなり遅くなってから。限られた時間の中で最大の成果をあげられるよう努力を続けることができたのは、「首位は譲れない」という闘争心の炎が燃えていたからでしょう。

いつも人と比較ばかりをすることはよくありませんが、**少しの闘争心・競争心は「やる気」を高めるのにかなり効果的**だと思います。

最近、公立の学校現場にあっては、息子の学校のように順位を貼り出したりすることはありません。「生徒の心を傷つけないため」という下位の生徒たちへの気遣いからと、「つまらない闘争心を掻き立てない」という思惑がその理由だと、新採用の教師だった頃、聞いたことがあります。

生徒たちのことを慮ってと理解できるものの、小さな闘争心がどれほど息子の心の支えとなっていたか、そして、どれほど大きな成長をもたらしたか、という事実を見てきた母親としては、少し残念な気がします。

小さな頃から、負けず嫌いな性格の子どもだったら、早い時期から模擬試験を受けさせるとか、ＴＯＦＥＬやＴＯＥＩＣのスコアをドンドンあげていかせるとか、何らかの方法で闘争心・競争心に火をつけるのも将来の受験勉強のウォーミングアップとして効果的かもしれません。

黒田式
導きの極意
⑲

負けず嫌いな子どもだったら、早い時期から模擬試験を受けさせるとか、ＴＯＦＥＬやＴＯＥＩＣのスコアをドンドンあげていかせるとか、闘争心・競争心に火をつけるのも一つの手。

自然に勝るおもちゃはない

娘も息子もプレステ世代です。

「プレステなんて必要ないじゃない」と思っていた私は、ちまたの子ども達が、手に手にゲーム機を持って遊んでいる時にさえ、自分の子どもたちに与えることはありませんでした。


ところが、ある晩、いつもは元気な息子がションボリ。

「タロウくん、どうしたの？」

「…。」

何も言わず下を見ています。でも、その眼にはみるみるうちに涙があふれてきました。

「馬鹿にされた…仲間はずれにされた…。」


その日、タロウは学校の帰りに他のクラスメートと一緒にお友達の家に遊びに行きました。テレビゲームが始まったのだけれど、そんなゲームをやったことのないタロウだけは、どうしていいのかわからずオドオドしていた。そんなタロウを見て「こんなのもできないんだぁ」と、友達がみんなで笑った。そしてやったことのないタロウだけ仲間外れにして、できる子たちだけで遊んでいた。だから、とっても寂しかった…というのが事の真相のようです。

それまでお友達と一緒に遊べない経験なんてしたことのないタロウ、お友達からバカにされたことなんてなかったタロウにとって、それはどんなに悲しく辛い事件だったことでしょう。ポロポロと涙をこぼしているタロウを見て胸をかきむしられる思いでした。言いようのないくやしさと悲しみで、私はしばらく高まった気持ちをおさえることができず、その場でゲームを買いに行ってしまいました。

しかし。最初は自分のゲームを持てた喜びで嬉しそうにやっていたのですが…そのうちに、段々と使わなくなり、しまいには息子の部屋の片隅でほこりをかぶるくらいになっていました。

小さな頃から生き物と接し、たくさんの本を読み、知的好奇心を満たしてくれるさまざまな活動をしてきた息子にとって、ただ、ディスプレイ（画面）を見ているだけの受動的な活動は魅力的ではなかったようです。

息子には、とても気のあうＳ君というお友達がいました。Ｓ君のお母さんは薬剤師さん。パートタイムではあってもワーキングマザーでした。とても頭の良い素敵な女性でした。そしてとってもＳ君を愛し可愛がっている教育熱心なお母さん。息子がＳ君が大好きなのと同じくらい、私もＳ君ママのことが大好きでした。子どものこと、学校のこと、互いの仕事のこと、そして家庭のこと…なんでも言い合える仲良しになりました。

「この人ならわかってもらえるかもしれない」

私はある日、意を決して彼女に話をしました。できるだけ子どもにゲームを与えたくないこと、ゲームなんかなくても日々を思いっきり楽しめる子にしたいことを。すると「私も同じよ」と明るく優しい笑顔で答えてくれました。

それからというもの、互いの家を行き来し一緒に遊ぶ時には、それまで互いの家庭でやっていたような知的活動が展開されたのでした。

一緒に絵を描いたり何かを作ったり…二人ともケラケラと大きな笑い声をたて遊んでいました。その表情のなんと明るいことか…。テレビゲームに熱中している時の子どもたちの顔を見たことがありますか？ 電車の中や駅でゲームに熱中している子どもたちの表情を一度見てみてください。子どもらしい無邪気な笑顔がそこにあるでしょうか？ いいえ、たいていは驚くほどの無表情です。

二人の遊んでいるところをソッと後ろで見ていたことがありました。

二人で空想上の登場人物を作り、そしてそれを絵で描いて切り取って、手作りの紙人形を作っていました。それを二人で創った物語（もちろんアドリブ）の中で自由に動き回らせているのです。子どもの想像力は無限大…次々にお話しが展開し、聞いているだけの私もワクワクドキドキしました。当時、人気のあったテレビドラマを見ているより楽しいくらいでしたよ。

息子にはまた、Ｎちゃんという仲良しのお友達がいました。Ｎちゃん一家とは家族ぐるみでお付き合いをするようになり、食事をするだけでなく一緒に旅行にも行きました。Ｎちゃんママのご実家は美しい自然の多く残る長野。ＧＷにお邪魔した時、子どもたちは一日中、泥だらけになって大自然の中を駆け巡って遊びました。

大自然は、子どもたちにとって好奇心をゆさぶる素敵なものばかりの宝箱でした。子どもたちのキラキラと輝く笑顔を見て、自然に勝る子どものおもちゃはない、と改めて確信したものでした。

それに…子どもたちが取ってきてくれた野草で作ったてんぷらのおいしさは今でも忘れられません。

そんなふうに、プレステやテレビゲームとは無縁で育った３人の子どもたち…現在、息子とＳ君は医学部に、そしてＮちゃんは歯学部に通い、それぞれ、自分の未来に向かって着実に歩み続けています。

第2章

親と子の信頼関係

受験期を迎えるまでに親子の信頼関係を築いておく

信頼関係はいかに大切か

受験は、親子で臨む大きなチャレンジ。共に戦う同志であるお母さんと子どもは当たり前ですけれど、なんでも言い合える、時には**「言葉に出さなくてもわかりあえる関係」**にあることが必要です。言葉に出さなくても目を見れば、しぐさを見ればわかる関係は、そんな心の深いところで結びついている関係はどうやったら作ることができるでしょう?

別の章でも書くことになりますが、「お母さん自身が、私は母親なのだからこうあらねば」という気持ちを捨て、同じように考えたり悩んだりする人間であることを子どもに知っておいてもらうことが大切です。

私は教師という仕事を持ち、さらに日本を代表するチアリーディングチームを率いる指導者でした。全日本チャンピオンチームの指導者、全国規模のダンス大会の審査員、などという肩書を見て、「なんの苦労もないんだろう」と思われたり「順風満帆の指導者人生、お気楽なもの」などと陰口を言われることもありました。強い有名チームの指導者だからこその苦労がたくさんあったのですけれど。

一日中、布団をかぶって寝込んでいる姿、ストレスがたまって甘いものを際限なく食べ続ける姿、心無い誹謗中傷の手紙に悔し涙を流す姿…人が想像することのない、私のもっともぶざまで情けない姿をすべて子ども達に見せてきました。

そして時には「お母さんはこう思っているんだけれど、なかなか理解してもらえない。どうしたらわかってもらえると思う?」などと意見を求めました。

「人前では弱さを見せないよう頑張っているけれど、お母さんはお母さんの世界で戦っているんだ、お母さんも苦しんでいるんだ」その事実を知っているからこそ、子ども達は私を共に戦う同志と認めてくれていたのだと思います。

なんでも言い合える同志、弱さを素直に見せられる同志…辛くて長い戦いの時期、そういう存在がいるのといないのとでは、受験生の心の落ち着きが全く違うのは言うまでもありません。

黒田式
導きの極意
⑳

自分と同じように、考え、悩む人間であることを子どもに見せておくことも大事。

子どもとの信頼関係を築くには

高校の教師をやっていて保護者の方たちからいろいろな相談を受けます。最近多いのが「子どもが何を考えているのかわからないんです。どうしたらいいでしょう？」

そしてその次にこんなことを頼まれます。

「私が言っても聞かないので先生から注意してください」

親が言ってもきかないものを他人である担任の教師の言うことを誰が聞くでしょうか？

高校の教師はあくまで知識を教える者。**その子の人格形成にもかかわるような大切なことは他人ではなく親がきちんとやりたいもの。**

では親の言うことをきちんと聞かせるには何が必要でしょう？　それは…親子の信頼関係です。「この人は絶対に自分を裏切らない」とか「この人の言うことなら絶対だ」という気持ちが子どもの心の中になかったら、親の言うことに耳を傾けさせることなどできっとはありません。

強い信頼関係ができてしまえば、子育てにおいて不安もなくなるでしょう。**できるだけ早い時期に信頼関係を築く**ことが大切です。固い心の絆で結ばれていれば、親の心にも余裕ができます。余裕を持って子育てをすれば、日々の子どもの成長を見守り、楽しむことができるのです。もし、子育てをする中で親子の信頼関係を育てることができず、充実した子どもとの時間を過ごせなかったら、子育てを楽しめなかったとしたら…それは親にとっても子どもにとっても残念なことです。人生の中で最もやりがいのある仕事のひとつが子育てなのですから。

黒田式
導きの極意
㉑

親の言うことに耳を傾けさせるには「この人は絶対に自分を裏切らない」とか「この人の言うことなら絶対だ」という気持ちを子どもの心の中に植えつける。

3 物を与えたって信頼関係は生まれない…子どもの嘆願に屈しない方法

私を含めワーキングマザー達は多かれ少なかれ、子どもに対して「寂しい思いをさせている」「不自由な思いをさせている」という負い目を感じています。

家にいる時には、できるだけ子どもを中心に考え、一緒にいる時には限りない愛情を注ぎ、一緒に遊びました。「全身全霊をかけて育てている」と思うことで、自分が仕事で忙しくしていること、子ども達に寂しい思いをさせていることに理由づけをして、その負い目を忘れようとしていたのかもしれません。

私たち教師にも、家庭訪問や遠足、そして出張などでちょっと学校の外に出る機会があります。すると、決まって自分の子どもと同じくらいの年の子ども達の姿を目にするのです。

お母さんと仲良くお散歩をしている子、公園のベンチでうれしそうにおにぎりをほおばっている子、砂場でお母さんとお城を作っている子…子ども達のうれしそうな無邪気な笑顔を見て、涙が頬をつたいました。「あの子たちがお母さんと一緒にあんなに幸せな時間をすごしているというのに、私の子ども達は…なんて不憫な思いをさせているだろう。」公園のトイレに駆け込んで泣いたのは、一度や二度ではありませんでした。休みの日に子どもたちと買い物をしていて、「このお洋服が欲しい」「このガチャガチャがやりたい」と言われると、「母親のいない寂しさをそれでぬぐえるのならば…」とつい買い与えてしまっていました。物を買い与えることは、いわば、罪滅ぼしだったわけです。

タロウが小学校の2年生くらいの時だったでしょうか。当時お友達の間で人気があるという、音の出るキャラクターのおもちゃを要求されたことがありました。その直前、修学旅行だったか部活の合宿だったかで長い間寂しい思いをさせてしまっていたのでつい買ってあげてしまいました。買い与えた時には、「ありがとう」ととても喜んでいたものの…。

数日で知らんぷり。部屋の隅においやられてしまいました。

子どもの要求に根負けして買い与えたとしても、それは子どもの成長を助けることにも、親子の信頼関係を深めることにも絶対になりません。

実際にそういったおもちゃで遊んでいる時の表情を見てみてください。どれほどの目の輝きがあるでしょうか？

お母さんが、例えばどんなに、たどたどしくても一生懸命に本を読んで聞かせてあげている時、是非、チラッとでも、子どもたちの表情を見てみてください。澄んだ瞳は、じっと本を見つめているはずです。お話しの内容に感動した時の目の輝きといったら…表現できる充分な言葉が見つかりません。

もし、子どもが何かを欲しがったとします。お母さんが判断して買い与えてもよい物ならば、そして経済的に買えない範囲のものでないならば、買ってあげてよいと思います。
でも、もしお母さんが、買い与えたくないものだったら、現実問題として、あまり高価すぎて買い与えることが躊躇されるとしたら、子どもの要求に屈してはいけません。

黒田式
導きの極意
㉒

子どもの要求に根負けして買い与えたとしても、それは子どもの成長を助けることにも親子の信頼関係を深めることにも絶対になりません。

①親が買い与えたくない物を欲しがった時

まずかけるべき言葉は「どうして○○ちゃんはこれが欲しいの？」

子どもは思いつくだけいろいろな理由を並べたてます。

「お友達がみんな持っているから」とか「これがないと仲間に入れてもらえない」とか、

お母さんがあまり買い与えたくないなぁ、と感じる物は、子どもが欲しがる理由も、大抵はたいしたことないものです。私は私が判断して好ましくない物を子どもが欲しがった時には「絶対にダメ」と突っぱねました。そして「よそのおうちでは買っていても、うちではダメです」と私の断固たる姿勢をしっかりと見せました。

それから、どうしてそれを買わないのか、買ってはいけないのかをじっくりと子どもが理解するまで話をして聞かせました。目が悪くなる、とか、姿勢が悪くなる、とか身体的な理由のこともあったし、「心の豊かなハナコちゃんには他にもっとぴったりのおもちゃがあると思うけどな…。」といった感情的な理由のこともありました。

とにかく「よそはよそ、うちはうち。駄目なものはダメ。」と子どもの要求に屈しない**親の断固とした姿勢を見せておく**ことです。

子どもが親への、生徒が教師への信頼感を失う一番の理由は「優柔不断な態度」だといいます。**子どもの要求に簡単には屈しない親の姿を見せておくことは、成長し反抗期を迎えた頃の親子関係を強力にバックアップしてくれる**はずです。

黒田式
導きの極意
㉓

子どもの信頼を失うのは、親の「優柔不断な態度」。

②高額すぎて買い与えることが躊躇される時

たとえ子どもであっても、金銭の価値をしっかりと教えておくことは重要です。「どうしても△△がほしいの」と、子どもがとても高額な物を欲しがったとします。「まだ小さいのに、お金を理由にして買ってやらないのは…」と何か別の理由を考えたりするお母さんがいます。それは間違った躊躇というものです。子どもが欲しがっている物が、どれほど高額なもので、それを買ったらお母さんがどれほど困ることになるかをはっきりと言えばよいのです。「これを買っちゃうと、お母さんはそんなに困るんだ。お母さんの悲しむ顔は見たくないから我慢しよう」優しい子なら、きっとそう思ってくれるはずです。

そして「お金がかかって、お母さんが困る」という事実があることを学んだ子どもは「大きくなったら、欲しい物を自分の力で買えるほどお金持ちになろう」などと考えるかもしれません。お金持ちになるには、何もしないでただ家にいるニートでなんかいられません。将来、自立した社会人となる精神的基盤はここで作ることができるのです。子どもにお金の話をするなんて…と疑問に思われるかもしれませんが、**小さな頃から正しくお金の価値を教えておくことはとても大切**です。

4 親子旅行は信頼関係を築く絶好のチャンス

我が家は母子家庭。そして私は公務員。

実業家のように何かで大儲けをして大金持ちになる…などという可能性は全くありません。経済面でいえば、子どもを二人一生懸命に育てあげるのが精いっぱいでした。子どもたちに財産を残すことなど絶対にできないだろうと思った私は、子どもたちがまだ小さな頃から、「お金よりも、もっと価値のある財産」を残してやろうと決意しました。

お金よりも価値のあるもの…（ＣＭで有名となりましたが）プライスレスで大切なもの…それは「知識と思い出」です。

子ども達が歩んでいく人生には数えきれないほどの苦難が待ち受けています。どんな難しい問題にも、恐れずに立ち向かっていける勇気をくれるのは、たくさんの知識。どんな苦しい困難にも対処できるのは、さまざまなことを見て聞いてきた経験が生み出す「しなやかな心」です。「思い出こそ心の財産」と言えます。

娘がまだ1歳にも満たない頃から、ちょっとでもお金がたまると旅行に行きました。近場の温泉から海外まで。「そんな小さな頃に連れて行ったって、どうせ覚えていないわよ。もったいない。」当時、まだお姑さんがいたので、よく笑われました。

記憶に残る前だからこそ価値がある、つまり、目で見た物、耳で聞いた音の一つひとつが子どもたちの感性を高め、脳細胞を刺激する、と考えていた私は、お姑さんになんと言われようと子ども達との旅行をやめませんでした。

後に別々の人生を歩むこととなりましたが、そんな私の教育方針に反対することなく、むしろ応援してくれた当時の夫（子どもたちの父親）には、今改めて感謝しています。

いつもだったら、バタバタと食事の支度をし、お弁当を作り、洗濯物を干していて、とても話しかけられる雰囲気になどないお母さんが、朝からずっとそばにいて、ゆっくりと話を聞いてくれる…いつもは早口で伝えたいことを言わないと、すぐにどこかに行ってしまうお母さんが、じっくりと自分の話を聞いてくれる…子ども達は年に数回のこの夢のように素敵な時間が大好きでした。

「ママ、今度はいつ旅行に行けるの？」帰ってきたばかりなのに、娘はいつもすぐに聞いていました。

日常的な雑務は全部とっぱらって、子ども達と24時間の全てを一緒に過ごせる旅行は、親子の信頼関係を深める絶好のチャンスです。

黒田式
導きの極意
㉔

家事に仕事に大忙しのお母さんが、
自分のことだけを見てくれる夢のような時間…
それが子どもにとっての親子旅行。

将来、どんなに苦しい状況下にあっても豊かな知識があれば打破していくことができます。生きていくのが嫌になるほど悲しい時でも、家族ですごした限りなく楽しい思い出さえあれば「自分は愛されている」と感じ乗り越えていくことができるのではないでしょうか。

時には一人だけを連れて遊びに行く

「思い出は心の財産」というポリシーのもと、いろいろな所に連れ出し、いろいろな経験をさせてきましたが、ある時、気づいたのです。「○○が食べたい」とか「次は○○を見に行こう」とか何かを決めようとするとき、声を発するのは娘ばかり。息子は娘の決めたことにただ従うだけ。「これではいけない」このままでは息子は、人の判断に従うだけの、自分では何も決められない人間になってしまう…と思いました。

ある時、息子だけを連れてディズニーランドに行きました。「タロウくん、まず何に乗る？」

息子は、ギュッと私の手を握りしめました。そして小さな声で「なんでもいい…」。

息子と手を握りのんびり歩きました。息子は借りてきた猫のようにおとなしくしています。場内のいろいろな所で息子が好きなポップコーンやチュロスが売られています。「ポップコーン食べる？」と言いたいところをグッとこらえました。息子のほうから「食べたい。買って。」と言うのを待ったのです。

一生懸命に子どもと向き合ってきたつもりでした。でも実際は、私が向き合っていたのは1.5人の子ども。息子という人間と1対1で真正面から向き合い、触れ合い、心を通わせることがなかったのです。

「かわいそうなことをしてしまった…」申し訳なく思うあまり息子の手を握る手に思わず力が入ってしまいました。

と、その時「あれに乗りたい。」息子が指を指しました。息子の大好きなゴーカートでした。降りては乗り、降りては乗り…何度も何度も数えきれないほど乗りました。「楽しかったね。」息子がギュッと私の手を握り微笑んでくれました。「うん、本当に楽しかったね。」私も息子の手を握り返しました。

子どもとの本物の信頼関係を築くために、時には、子どもを一人ひとり連れ出し、二人っきりの時間を作ってあげましょう。

兄弟姉妹の下の子には上の子につき従ってしまう傾向があると聞きます。そのほうが楽だし安心だからなのでしょう。時には下の子とだけ（3人以上の兄弟なら一人ずつ）向き合う機会を作ってあげるとよいかと思います。その子の自立心を高めるためなのですけれど、上の子とワンセットでは、なかなか見ることのできなかった隠れた特性とか興味関心を知ることもできます。

黒田式
導きの極意
㉕

兄弟姉妹がいる場合、時には一人だけ連れ出して、隠れた特性、興味関心を親が知ること。

お金の価値を教える

娘は大人になった今でも「○○さんに○○をごちそうになった」とか「○○さんに○○をいただいた」と私に話をしてくれます。実はこれはとっても大切なことです。

私がその方にお会いする機会があった時には私も心からのお礼を申し上げます。ほぼすべての方が口にするのは「きちんとお礼を言ってくれたのハナコちゃんだけでした。お母様からお礼を言っていただいたのもハナコちゃんだけ…。おうちでお母様にお話しになっているのですね。本当にいい子ですね。またお誘いしたいと思いますよ」

どなたかが何かを買ってくださったら、あるいはご馳走をしてくださったら、それがどれほどの負担になるのかを娘はすぐに考えるのだと思います。娘がお食事をごちそうになるのは卒業生も含め大学の先輩方、つまりドクターの皆さんです。母子家庭の我が家とは経済状態が天と地ほども違います。とはいえ1人のドクターが10人もの学生に食事をご馳走したならば、相当な金額になるはずです。仮に1000円のランチをご馳走してくださったとします。娘は「私たちのために一万円も使ってくださった」と感謝の気持ちを持つのです。

お金の価値を教えると、相手のことを考え、感謝する心が育ちます。

第3章

オーダーメイドの子育て

性格は十人十色、子育ても十人十色

赤ちゃんの時に性格を見極める

共に医師の道を選んだ二人の子ども…でもその性格は全く異なります。びっくりするくらいに。

食事の仕方、歯磨きの仕方、新聞の読み方、生活の中のあらゆる行動のパターンが人それぞれに違うように子どもだって、いえ、赤ちゃんだって好きな間合いの取り方、好きな雰囲気があります。**しっかりとその子の性格を見極めることが必要です。**

とってものんびり屋の子にセカセカとお母さんがあわただしくお話しを読んで聞かせたら、本読みは、その子にとって楽しいどころか不快なものとなってしまいます。逆に、とてもせっかちな子どもにあくびがでるくらいのんびりと本を読んで聞かせたら、本読みは、その子にとって「とってもイラつく」嫌な行為になってしまいます。

どうやって性格を見抜くか

いろいろな方法があると思います。私が二人の子どもの性格の違いを感じたエピソードです。

電車に乗り、娘をひざにのせて座った途端、小さな脚をぐいぐいと伸ばし、私に「立ち上がって」と訴えました。私の膝の上にいて見る景色より、私が立った状態で自分が抱っこされ高い位置から見下ろしてみる景色のほうが視野が広くおもしろかったのでしょう。

でも同じ年の頃の息子はといえば、私の膝の上でおとなしくしている子でした。何かおもしろそうなものを見つけると、いつまでもじっとそれを見ているのが楽しかったからです。

離乳食を食べさせる時も、服の脱ぎ着をさせる時も、娘は超短期決戦。とにかく急いでやらなければなりません。目に入ったもの全てに興味を持ち、動き回ってしまうからです。良く言えば好奇心が強い、悪く言えばとってもせっかちな性格だったのです。

それに比べ、弟のほうは、常にゆっくりとやることができました。よく言えばおおらか、悪く言えば鈍(どん)くさかったのです。

黒田式
導きの極意
㉖

赤ちゃんの時に子どもの性格を正しく見抜く。

2 子どものタイプ別接し方

それぞれの性格にあった導きを

なんでもセカセカと超スピーディにこなす娘に比べ息子はのんびり。それを「何、モタモタしているの?」なんて非難するのはもってのほか。姉よりも時間がかかる分、息子は一つひとつのことを丁寧に確実にやりとげる子なのですから。モタモタさも「その子の性格から」とわかっていれば、さほどイライラしないものです。「できるのにやらない」とか「私の都合も考えずにゆっくりやっている」なんて大人の言い分でとらえてしまうから腹が立つのです。

性格の違いにより、指導の仕方を変える、というのは部活の指導の時にも必要でした。私が指導していたチームは全日本チャンピオンにもなったことのあるチーム。評判を聞きつけ県内各地から部員が集まり、部員が40人位の時もありました（サッカーや野球に比べると少ないと思われるかもしれませんが、まだマイナースポーツだった時代、それはとっても多い数だったのです）。

その一人ひとりがそれぞれ異なった個性を持っていました。**全員一斉に同じ指導をしていたら、それぞれの子が持っている特性を伸ばしてやることはできなかったでしょう。**それどころかせっかくの才能をつぶしてしまっていたかもしれません。

入学してきて、できるだけ早い時期に性格を見抜き、その子の個性にあった指導をしてやる必要があります。

いつも人に対して優しい心遣いができる子がいます。たいていそのような子はとても繊細。何か注意したいことがあっても、それを他の生徒の前ですることはできません。私の一言でとても傷つき、それが原因となってダンスに対して消極的になってしまいます。

そっと他の生徒の見えない所に連れだして、優しく穏やかに言って聞かせるのです。

繊細な子は心豊かで、人の心をきちんと読み取り感じてくれます。すぐに私の言いたいことを察し納得してくれます。それどころか、注意をしたことに対して感謝の言葉を言ってくれることもあります。

負けん気が強く、常に前進していたい、と思う積極的な子がいます。その子に何か注意をしたい、と思う時、どこかの場所で他の子に見えないようこっそり、というのはダメです。みんなの前で「だめじゃないのっ」とキッパリと言い切ります。

「すみません」と返事をした途端、数分前とは別人のような顔つきになる子が多いです。負けん気が強い子というのは、白黒をはっきりさせるのを好むのと、「自分はこんなに気にかけてもらっている」というのを他の人に自慢したいと思う傾向があるからです。

かけてやる言葉にも十分注意をする必要があります。

私と出会うまでおうちの方がどのように接し、どのような言葉かけをされてきたかも考慮にいれなければなりません。それまで一度も強い言葉で叱られたことのない子に、いくら愛情の裏返しと言っても、突然、強い言葉をあびせたら、その子は私に対し心を閉ざし、それ以降、私の言葉をシャットアウトしてしまうことになりかねませんから。

入部から1か月位、練習中の様子や生徒どうしの語らいの様子を、そっと見守っていると、たいていはそれぞれの子のバックグラウンドというか、育ってきた環境がなんとなく見えるものです。すると、それ以降かけてやる言葉の選択にそれほど困ることはありません。

いつもは一生懸命、練習に励んでいる子がここ数日、元気がなく練習にも身が入らない様子だったとします。もし、その子がとても甘えん坊でちょっと気の弱いところもある子だとします。その子にかける言葉は

「最近、元気がないみたいね。何かあったの？　早く元気になってほしいから、いつでも相談にきなさいね」

甘えん坊な子は、自分だけを見ていてほしい、という独占欲が強い傾向にあります。二人きりになる場面を作ってあげると、それだけで気持ちが晴れ晴れとし元気になるようです。

とても勝気で上昇思考の強い子だったら

「○○ちゃんみたいになりたい、ってあなたを目標にしている子たちがどんどん追いついてきちゃうわよ。悩んでいる間に１歩でも前に進もう」

勝気な子にとって一番嫌なことは人に負けること。そうならないように前に進もうと背中を押すのです。

自分に自信がもてず、いつも友人の影に隠れているようなタイプの子だったら

「○○ちゃん、上手になったわね。努力したことがちゃんと力になったわね。本当に偉いわね。先生、○○ちゃんが、どれほど上手になるか楽しみだなぁ」

自信がもてないでいる子には「頑張った」という事実、「成長した」という事実をきち

んと言葉にしてほめてやることが絶対に不可欠です。その上で「さらに頑張ってみよう」と励ましてやるのです。

黒田式
導きの極意
㉗

その子の性格によってかけてあげる言葉も場面も変えること。

長く教師をしていると、さまざまな生徒と出会います。

受け持った生徒には、どの子にも同じように心を配り愛情を注いでいます。とはいえ、血の通った人間どうし。波調が合うというか、すぐに理解し合える子もいれば、逆にどんなに努力をしても、なかなか理解し合えない子もいます。

生徒達も私も、それぞれが感情を持った人間なのですから仕方のないことです。

親子でも同じようなことがいえるのではないでしょうか。たとえ**自分の血を分けた子であっても、性格も好みもまったく違う…十分考えられること**です。

保護者面談をすると、「あの子が何を考えているのかまったくわからない」「あの子の好みが理解できない」と、１日に７～８人面談するうち、必ず１人位はこのような悩みを口にされます。

「無理に理解しようとしなくていいのですよ」と私は答えます。するとお母さん方はビックリして、「えっ？　本当ですか？」。そして次に「どうしてですか？」。

「お母さんもお子さんもそれぞれ別の人間ですから」

お母さん方はますますキョトン。

「理解するというよりも、ありのままを見て、ありのままを受け入れてあげてください。そして全部を好きになってあげてください」

その子のことを「ちょっと嫌だな」と思うと、好きでないところ、嫌いなところばかりが目についてくるもの。「私はこの子が大好きなんだ！」と思いながら子どもと向き合うと不思議とその子の何気ない一言をうれしいと思ったり、それまで見えなかった素敵なところが見えてきたりするものです。

「自分とは違う人格を受け入れる」ということ、これは子どもと向き合う時、何よりも大切なことだと思います。

黒田式
導きの極意
㉘

自分とは違う人格を、
ありのままを受け入れる。

人とのつきあいが得意ではない子との接し方

クラスを受け持つとたいてい一人くらいは人と話をするのが苦手な子、人との関わりを極力嫌がる子がいます。

「○○さん、おはよう」

「…」（無言でちょっと頭をさげる）

「進路のことでちょっと話がしたいのだけど、お昼休みに職員室にきてくれる？」

「…」（無言でうなずく）

たいていはこんな感じ。元気のいいお母さんだったら、「まったくもう、何を考えているんだか」なんて苛立ってしまいそうです。

でも、こういうタイプの子は人との関わりが苦手なだけで、人のことや周囲の状況をとてもよく見ていることが多いのです。

私が昨年担任をしたMちゃんもそうでした。この子は人と話をすることがあるんだろうか？　なんて思ってしまうくらい静かな子。私も担任をしていた昨年のうちに、Mちゃんの声を覚えることができませんでした。なぜなら、Mちゃんの声を聴いたのが２回くらいしかなかったから。それも「はい」とか「いいえ」というごく短いフレーズだったと思います。

いつもどこか遠くを眺めていてなんにも興味関心がないようなMちゃんの意外な一面を知ったのはMちゃんが書いた学級日誌を見た時。その日の授業の内容やホームルームでの連絡事項がきちんと記録されていただけでなく、クラスの中で起きた小さな出来事まで克明に記録されていたのです。

Mちゃんは人と話をするのが苦手なだけで心は広くみんなの方に向けられているのがわ

かりました。

それまではMちゃんに話しかける時には、話しかける言葉を選んでみたり話し方を考えてみたり、少し気を使っていたのですが、それ以来、どんなことでも他の生徒に話しかけるのと同じように話をするようにしました。相変わらずMちゃんの対応はそっけないものでしたけれど、そんなことにはおかまいなく。

Mちゃんのほうも、私からの話しかけを嫌がるふうでもありませんでした（ただ無表情なだけで）。

何か紙に書いて提出する時になど、「先生が前に話していた〇〇のことですけれど…」などと、Mちゃんなりの意見や考えを書いてきてくれることもありました。

人と接するのが苦手な子は、自分の世界にいながら、広い視野を持ってたくさんのことを見て感じている、と思ってあげましょう。

反抗的な態度をとる子との接し方

私が日々接している生徒達は高校生です。まだ大人が守ってやらなければならない立場にある子ども達ですけれど、精神的にはもうかなり大人に近づいています。中学生のように大人に対して反抗的な態度をとる、ということはあまりありません。

ところが、いろいろな事情で精神的な安定が保てず、その不安を担任教師にぶつけてくる子もいます。私が何か言うたびに、「うっせぇなぁ」っと言ってみたり、わざとみんなの前で子どものような憎まれ口をきいてみたり。

授業中、みんなに問題を解かせながら、机と机の間を歩いて一人ひとりのノートを見ます。そういう「憎まれっ子君」のノートも。そして「これはこうでしょ」と優しく説明をします。

するど、「ウンウン」とうなずきながら素直に話を聞いてくれます。

放課後の掃除の時間では、生徒達の労をねぎらいながら、特に「憎まれっ子君」には「本当にえらかったね、ありがとう」と丁寧に言葉をかけます。すると、「先生、あのね…」と、それまでためていたものを一気に吐き出すかのように、自分の方からいろいろな話をしてくれます。今どんなつらい状態なのか、どれほど我慢をしているのか、不安なのか。

「憎まれっ子」君たちと接してきて、気がついたことがあります。**繊細な心を持った子ほど、心が満たされていない時、より攻撃的で激しい反抗の仕方をする**！　子どもが乱暴な言葉を使ったり、反抗的な態度をとったりしたら、それは、もしかしたら周りの大人へのSOSサインかもしれません。

「不安や悲しみで押しつぶされそうだ。誰か自分の話を聞いて、助けて」と言いたい、でも、どうやって伝えたらいいのかわからない。そんな気持ちを持ちながら、一方で優しい心を持ったもう一人の「憎まれっ子君」が「こんな自分は嫌だ」と言う。ズタズタになった心でどうしようもなくなって、そしてとった態度が反抗的なふるまいになってしまうのです。

高校生にもなると彼らにもプライドがあります。周りの人、特に友達には、そんな弱い自分であることを気づかれたくないのです。彼らのプライドを傷つけないように気を配ってやることは忘れないようにしましょう。

黒田式
導きの極意
㉙

気をもまなくていい場合と
丁寧に丁寧に声かけが必要な場合とを見極める。

3 オーダメイド子育て

何がオーダーメイド？

娘は私に似て大のダンス好き。ダンス部のなかった高校（東京学芸大学附属高校）でも大学（日本医科大学）でも、友人を集めてダンス部を創ってしまいました。その上、大学では関東近県の医療系学部の学生のダンスサークル（約６００名）のリーダーとなり、大ホールを借りての公演を成功させました。

「すごいなぁ」と思います。でもその反面、「よしよし」と20年以上前に立てた計画が予想通り、いえ、それ以上にうまく実現したのを見て興奮しています（笑）。

まだ幼かった娘の性格を早々に見抜き、その性格がうまく活かされるような人物にするべく育ててきました。もし、同じことを息子にしたならば、息子の育児は失敗に終わっていたはず。**子どもの性格をできるだけ早くに見抜き、その子にあった「オーダーメイド」の子育てをすることが大切**です。

娘の未来予想図

とにかく少しもじっとしていない娘でした。私の腕の中でも膝の上でもちっともじっとしていません。おむつを替える時にもお風呂に入れる時にも「いかにすばやく終わらせるか」、そんな心配ばかりをしていました。

好奇心が強く、何かおもしろそうなものが目に入ると、すぐそのそばに行ってしまうんです。その時のハイハイの速さといったら。

赤ちゃんの頃、公園に行った時には、自分のほうから他の赤ちゃんに「ちょっかい」を出し自己紹介。なかなか輪に入れない赤ちゃんには自分のお気に入りのおもちゃを貸してあげ、やんちゃ坊主がお友達のおもちゃを横取りしたら、すぐにかわりに取り返し、シクシクと泣いている子がいたらそっとそばにいてあげる…赤ちゃんなのに、全身から正義感の強さと優しさがにじみ出ているようでした。「この子は大きくなったらリーダーになる」と確信しました。

幼稚園に入ると、その正義感の強さはさらに強まったようです。先生のお話によれば、お片付けの時間には率先しておもちゃをしまい、お掃除の時間には誰よりも一生懸命、困っている人がいれば声をかけ…。唯一欠点があるとすれば、とても頑固なこと、だそう。母親が筋金入りの頑固者ですから…そうなって当然でしたね（笑）。

「正義感の強い頑固者のリーダー」

娘の未来予想図が頭に浮かんできて、私は不安になってしまいました。

「女の子なのに…」

これが正直な感想。男の子だったらなんの問題もないでしょうけれど、娘は女の子。友達に誤解されたら、嫌なヤツ、クラスのつまはじき者となってしまいます。

そこで娘の未来予想図を「たくさんの仲間に支えられている強いリーダー」に書き変えることにしました。未来予想図がはっきりと見えてからは、それに向けての娘に合った子育てを開始しました。将来、リーダーとして人の上に立った時、誰からも慕われるような人柄の女の子になってもらうことです。多くの人が娘の言うことに耳を傾け、誰もが「この人のためなら」と持てる力をフルに発揮してくれる…そんな女の子に育てようとしました。それを実現させるため、娘に言い続けたことがあります。

それは、「誰に対しても優しく接しなさい」、「自分が何かを言うより人が言うことをまず聞きなさい」ということです。幼い子どもはとかく自己主張をしたがるもの。自分が何か言いたいのを我慢して、人の言うことに耳を傾ける…**大人でもなかなかできないことを私はまだ小さい娘に要求したのです。**

娘にとっては大変なことだったと思います。でもそうすることでお友達の心をグイグイと引きつけていくのを実感したようで、小学校高学年になる頃には人の話を聞くコツを身につけることができたようです。

「誰にたいしても優しく」この漠然とした言葉は幼い娘にはわかりにくかったようです。ですので「はなちゃんが、この人のことを好き、と思えば、それと同じくらい、その人もはなちゃんのことを好きに思ってくれるのよ。」そう教えることにしていました。

もちろん、人の話を聞くだけではストレスが溜まってしまうので、家では大激白大会を開き、好きなだけ思いっきりおしゃべりをさせて気持ちをコントロールさせてあげていました。

黒田式
導きの極意
㉚

子どもの性格をできるだけ早くに見抜き、その子に合った「オーダーメイド」の子育てをすること。

4 学校選びもその子に合ったオーダーメイドで

背伸びして伸びる子

娘のことを話すと「頭のいい子を産んで幸せだったわね」などといったことを言われることが時々ありますが、娘は、決して天才でも秀才でもありません。ダンス好きな高校教師の母から生まれた「ごく普通の女の子」。

子どもが小さな頃には、親というのは、いろんな場面で「うちの子って、もしかしたら天才？」なんて思うもの。私も御多分にもれずそんなことを思ったことがありました。しかし、娘が東京学芸大学附属高校に入ったとたん、それがどれほど図々しい思いあがりであったかを知らされました。

娘が家で学校の様子を話してくれるたびに、感心したり感動したり驚嘆したり…3年間ずっとそんなことを繰り返していました。

高校での3年間、娘の成績はいつも真ん中のちょっと下。勉強をしていなかったわけでは、決してありません。むしろ精一杯の努力をしていたと思います。周りは頭のいい子たちばかりでした。小学校の頃から「お勉強のよくできるハナコちゃん」と言われて、少しいい気になっていた自分が恥ずかしくなりました。

東京学芸大学附属高校の生徒達というのは、娘の言葉を引用すれば「人間コンピュータ」。すべてのことを瞬時に理解し、瞬時に記憶する精密機械。莫大な量の情報も難なく記憶し、どんな難解な問題でもありとあらゆる頭の中の知識を駆使して解決してしまう…そんな凄い人たちでした。凡人の娘が、同じ土俵で戦うなどできるはずもないことでした。

「半分が東大、残りの多くが医学部進学」という友達の動向を娘から教えてもらった時には大きくうなずきました。

彼らについて驚かされたことは勉強についてだけではありません。ある日、娘が「と～っても楽しかった」と言って聞かせてくれた話です。

その日、音楽の授業が自習。音楽室に移動し生徒達だけで「さあ、何をする？」という相談が始まった時、誰からともなく「アンサンブルをしよう」ということになり、一人がピアノで作曲を始めた。何人かがそれに加わり、数分もしないうちに、とても素敵な曲ができあがった。生徒それぞれがバイオリン、ビオラ、フルート…と思い思いに自分の好きな楽器を手にした。何回か練習をしているうちに、それは見事な演奏会になっていた…と。

体育祭でも文化祭でも、企画・立案・準備・当日の運営…それぞれの場面で、生徒一人ひとりが、各々、持てる力・能力を存分に発揮し貢献する。生徒主体の行事の完成度の高さにはいつも驚かされるばかりでした。高校教師として、大声を張り上げ、同じ役割を走り回ってやっている自分の姿に気づき、何度も恥ずかしく思ったものでした。

勉強のみならず、運動でも音楽でも遊びでも…なんでも全力で取り組み成果をあげる。**頭のいい子、勉強のできる子というのは、つまり「なんにでも全力投球のできる子」といえるのではないか**と、娘が過ごした3年間の高校生活を見て思いました。

一人ではとてもおいついていくことができない学芸大学附属高校の勉強でしたが、娘はおかげさまで多くの優しい友達の励ましや応援や援助によって乗り切ることができました。

普通の頭脳しか持たない娘が天才・秀才の中で楽しく過ごすことができたことは、大きな自信と誇りとなったようです。背伸びをした3年間はとても意味のある時間でした。

少しのことでは傷つかない強さと、どんな環境にも順応できる柔軟さを持っている子どもなら、自身の能力より少し高いレベルの環境に身を置くのはいいことです。大いに潜在能力を引き出してくれますから。

ありのまま、マイペースで伸びる子

でも、傷つきやすい子、繊細すぎる子にはふさわしくありません。

息子タロウは娘に比べると（良く言えば）繊細、（悪く言うと）神経質な子どもでした。何かうまくいかないことがあっても、娘なら「そんなこともあるよね、エヘヘ」なんて笑い飛ばしてしまうことでも、タロウは一人いつまでも思い悩んでいました。「男の子なのに」と心配に思ったこともありました。

でもよく考えてみれば、小さな生き物に心寄せ、空の雲のゆくえを追っていたような子です。人一倍、感受性が豊かなのですから仕方のないことでした。

タロウは横浜市にある山手学院高校で学びました。大多数の生徒が中堅レベル以上の大学に進学する、いわゆる進学校。親御さんの教育に寄せる関心も高く、ＰＴＡ活動も盛んで「保護者が皆で一人ひとりの子供達を育てている」という温かな雰囲気のある学校でした。我が家にお友達がやってくると、玄関にはきちんと靴がそろえられ、私との対話では一つひとつの言葉が丁寧で誠実さがあふれていました。「この子達はおうちで大切に育てられた子なんだなあ」といつも思ったものでした。

タロウは1年から3年まで理系の特進クラスに在籍しました。他のクラスが毎年クラス替えをするのに、そのクラスだけは3年間ほとんど変わらず。担任の先生も同じでした。

入学当初から医学部への進学を希望していたタロウは、本当によく勉強をしました。ラグビー部の練習と両立させながら。

担任の先生は青春ドラマに出てくるような熱い心を持った方。ものすごい生徒愛で、いつでもどこにいても生徒の心配をされていらっしゃるような先生でした。タロウのちょっとした成長や成績向上に「タロウはすごい、すごい！」と褒めてくださり、少しでもタロウが思い悩んでいると「タロウならできる！」と励まし応援してくださいました。

タロウが休み時間に勉強していてもクラスのみんなは、さりげなくほっておいてくれたそうです。そんなさりげない無関心は、実は、級友たちの優しさだったのです。廊下に貼り出された成績優秀者名の一番先頭にタロウの名前をみつけると、誰からともなく祝福し自分のことのように喜んでくれたそうですから。

もしも、クラスの誰かが「黒田ってがり勉で嫌なヤツだよなぁ」なんて意地悪なことを口にし、それがタロウの耳にも入ったならば…深く心を傷つけられ教室で勉強を続けることもできなくなっていたかもしれません。

担任の先生、そして優しく心豊かな級友たちのおかげで、タロウは高校生活をのびのびとマイペースで過ごすことができたのでした。

ハナコの通っていた自主自立の雰囲気の濃い学芸大学附属高校に進学していたら、タロウはどうなっていたでしょう？　いつでも周りのことを気にしてハラハラドキドキ…緊張の連続だったことでしょう。自分に自信が持てず、頑張る勇気もなくし、医師になる、という目標さえも失っていたかもしれません。

親の見栄とか意地、あるいは、単に偏差値の高さだけで学校を選ぶことは絶対にしてはいけません。

特に繊細な心を持った子どもだったら、その子が、背伸びをすることなく、ありのまま

の姿で日々の生活を楽しめるような環境を整えてあげましょう、できる限りでいいですから。

黒田式
導きの極意
㉛

その子に合った環境を整える。
親の見栄や意地で学校を選んでは絶対にいけません。

才能が光を放つ瞬間

　クラスにとてもおとなしい男の子がいました。表に出ることを好まないものの、自分の仕事は最後まで責任を持ってやり遂げる、とても誠実な子でした。行事の時には誰よりも早く登校し、誰よりも遅く教室を出るような責任感と誠実さの塊りのような子。

　文化祭の時もまたいつものように、クラスのために毎日、遅くまで教室に残り作業をしていました。ある日、遅くまで残っているその子のことが心配で教室に行ってみると…机に向かって身体を大きく動かしています。よく見ていると机をピアノに見立てて一人ピアノの練習をしているのです。その姿はいつものＢ君とは全くの別人。自信にあふれ、チョットかっこいい。思わず見とれてしまいました。「すごいね。かっこよかったよ。先生、見とれちゃった」私がいることに気づいて恥ずかしそうな表情を浮かべるＢ君に声をかけました。おとなしいＢ君は、何も言わずちょっとだけ微笑んでくれました。

「ピアノ、好きなの？」「はい…」

「Ｂ君のピアノを弾いている姿、素敵だったよ。ずっとピアノ、続けてね」すると…

「アメリカに行ってジャズピアニストになりたいんです。」

　彼は高校を卒業すると音楽の専門学校に進学しました。卒業と同時にアメリカ・ニューオーリンズに渡りました。そして何年か経った頃、アメリカでジャズピアニストになった、と聞きました。

　周りの誰もが「夢みたいなことを言ってないで現実を見なさい」と言う中、「上手なピアノ、ずっと続けてね」と言って背中を押したのは私だけだったそうです。自分の胸に抱き続けた大きな夢を、きちんと現実のものとしたのでした。子どもが才能の「片りん」をキラッと瞬かせる瞬間を絶対に見逃さないこと。そして、適時に必ず声に出してほめること。それが、「声かけ」の極意です。

第4章

子どもの力を引き出す

即効性があるのは「かっこいい」と思わせること

「大きくなったら本田圭佑選手みたいなサッカー選手になりたい」
「浅田真央ちゃんみたいなフィギュアスケート選手になりたい」
「西野カナちゃんみたいな歌手になりたい」

子どもたちはよく「○○みたいになりたい」と口にします。

その多くがスポーツ選手やアイドル・歌手の名前で、学者や政治家の名前が出てこないのは寂しいですけれど。理想とする姿がはっきりとしていると、努力のしがいがあるし、目標としやすいものです。

私は**子どもたちが「こんなふうになりたい」とか「あんなふうになりたい」と思うように、自ら気づかせるようにしました。子どもがかっこいいと思う手本を示す、つまり、子どもたちが「すごい」「かっこいい」と思える存在をたくさん見せることにした**のです。

将来、子どもがどんなことに興味を持ち、どんな職業が選ぼうとするかはわからないので、できるだけたくさんの分野の職業の人々の姿を見せることにしました。旅行に連れて行き空港や飛行機の中で働いている人、演劇や音楽を鑑賞させステージ上で活躍をしている人、銀行や病院、役場…さまざまな職場で勤務している人。

とても思い出深い獣医さんにまつわる話があります。

子どもたちが小さかった時、我が家には捨て犬の「ケンタ」がいました。ケンタを獣医さんに連れていかなければならないとき、子どもたちを必ず一緒に連れて行きました。ケンタの保護者として。

いつもは嫌がって耳をふかせることも、薬を飲ませることも大変なのに、獣医さんの前ではとってもおとなしくしているケンタの姿を見て、子どもたちはびっくり。それに物言わぬ犬の体調を目や口、そして耳を見たり、体を触ったりしただけで判断する獣医さんに子どもたちは尊敬のまなざしを向けていました。

獣医さんの姿をかっこいいと感じたタロウは、小学生の時はずっと「大きくなったら獣医さんになる」と言っていました。獣医さんになるには農獣医学部というところに入り一生懸命に勉強しなければならない、と知ってからは、懸命に勉強に取り組むようになりました。それだけではありません。

「じっと動物たちを見つめ、声なき声を聞きとらなければならないんだよ」と教えていただいた日から、どんな生き物にも心を寄せ、じっと見つめ観察をするようになりました。

一度観察し始めると、たとえおなかがすこうが何があろうが何時間でもずっと…。

その驚くほどの集中力も十年後、医学部受験の勉強にも生かされたのは言うまでもありません。

黒田式
導きの極意
㉜

さまざまな世界で活躍している人たちを見せる。子ども自身に気づかせる。

2 ゴールデンタイム

「育てる」「教える」という作業を長くやっていると、子どもが何かを学ぶ時、それぞれの作業ごとに「ゴールデンタイム」というものがあるように思えてなりません。私が受験生の時はよく「英語を制するものは受験を制する」と言われました。その言葉は今でも言われているようですので特に英語学習について詳しくお話をします。

幼児の英語教育が大流行です。また、新聞によると文科省は小学校でも英語の授業のスタートを現在の５年生から３年生に引き下げるとか。

小学生の時、娘が「英語を習わせて」と私に言ったことがあります。どうして？　と聞いてみると、「クラスのお友達がみんな習っているから」

「ハナコちゃん、大きくなって英語が話せるようになりたい、って思うなら、今は学校の国語のお勉強をしっかりとやりなさい。英語の先生のママが言うんだから間違いないわ！」キョトンとしながらも、「ママの言うことに間違いは無い」と信じてくれている娘ですから、そののち、「英語を習いに行きたい」と口にすることはありませんでした。

中学校に入り英語の授業が始まると「待ってました！」とばかりに夢中になって勉強をしました。熱心に積極的に勉強するのですから、ちょうどスポンジが水を吸い取るような感じ。次から次へと吸収し、アッという間に学年1位（成績上位者は発表されるので）となりました。

繰り返しますが、高額な語学教材を使ったわけでもありません。娘の教材は学校で配布された教科書のみ。しっかりと丁寧に勉強すれば教科書に勝る優れた教材はない、ということがよくわかります。

小学校でしっかりと言語学習における礎を築き、中学校1年生という英語学習のゴールデンタイムをうまく活用した娘は、そののち、英語学習に苦労をすることはありませんでした。

中学校で英語につまずいてしまった生徒が高校に入学してから挽回しようとしたとします。その子はとても長い時間をかけて、中学校の時にやっておかなければならなかった基礎事項を覚えなければなりません。高校で学習する新しいことを学ぶ前に。

そのような子に会うたびに「中学校で、もっときちんとやってきてくれていたなら…」と残念になります。

一方、**中学校でしっかりと基礎を学んできた生徒はそれほど長い時間をかけなくても試験で良い成績をとってしまいます**。英語学習については、前の章でもお話しましたが中学校1年生の時の10分は高校生になってからの1時間分くらいの成果があるような気がします。

もちろん、無駄な努力というものはありませんから、いつの世代の、どの勉強も必ず役に立つ時がきます。でもできることなら、あまり苦労することなく学力をつけさせてやりたい、と思うのが親心、いえ、教師心というものです。ゴールデンタイムを是非、有効活用してもらいたいものです。

黒田式
導きの極意
㉝

苦労することなく学力をつけさせるには、ゴールデンタイムをうまく活用する。

ゴールデンタイムの時期

どの子にも「ゴールデンタイム」が訪れます。でも、同じ時期にではありません。気質や環境によって、人それぞれ大きな違いがあります。

周りのお友達が習っているのがうらやましくて、「英語を習いたい」と思っていた娘の英語学習熱は中学校に入学する前に、すでにヒートアップしていました。中学校で英語の授業が始まると、即、その思いを爆発させました。娘は授業で習うことを、片っ端から頭の中に吸収させていきました。娘にとって中学1年生が英語学習のゴールデンタイムだったわけです。

ところが3歳下の弟はお姉ちゃんのように「英語を習いたい」なんて微塵も思いませんでした。中学校に入るとすぐに、バスケットボール部に入り、バスケットボールの面白さに憑りつかれました。来る日も来る日も部活、部活、部活…。英語どころか全ての勉強に興味を示しませんでした。

私の基本姿勢は、自分から「やりたい！」と言い出すのを待つこと。

とは言うものの、中学校での英語学習の重要性を痛感していたので、目の前の息子の姿には内心ハラハラドキドキでした。「今、やっておかないと、息子は後に茨(いばら)の道を歩むことになる」と心配で心配でたまりませんでした。息子に不幸が迫っているのに、何もしないで傍観しているなどできませんでした。この時ばかりは、今（中学生の時に）英語をやっておかないどういうことになるか…説明をしました。そのあと、やるかやらないかは息子次第、と望みをかけて…。

途端に息子が英語の勉強を始めました。中学校2年生の時のことです。その時のことを、のちに息子に聞いたことがありました。

「1年間のブランクがあって、ついていくのが大変ではなかった？」

「特に…（無いよ）」

一度、火がついた時に見せる子どもの集中力は目にみはるものがあります。息子も、まるで何かに憑りつかれたかのように夢中になって勉強をしていました。成績もグングンと急上昇。ドンドン変わっていく自分に高揚したのか、さらに英語の勉強にのめりこんでいきました。息子にとっての英語のゴールデンタイムは中学校2年生…娘よりも1年遅い時期でした。

高校に入ってから心に火がつく子もいるかもしれません。たとえ高校に入ってからであっても、その時がその子のゴールデンタイムです。

自分から気持ちが向いた時が、ゴールデンタイムのスタートラインになりますが、なかなかゴールデンタイムを迎えることができないでいる子どももいます。そんな時は、親がちょっと刺激を与え、やる気を出させてやると良いでしょう。

やる気を出させる一番の方法は心に火をつけること。では、どうやったら心に火がつくか…。**「どうしてそれをやらなければならないか」をきちんと説明する**ことだと思います。

息子の場合は、その頃、熱中していたバスケットを話題にして

「いつかアメリカにバスケットの試合を観にいきたいと思わない？　せっかく本場でバスケの試合を観れても英語がわからないと、周りでどんな話をしているのかわからなくて、つまらなくない？」

「今、一生懸命に英語を勉強すれば、（勉強を）したら、しただけ、ドンドンわかるようになるけど、来年になったら、そうはいかないのよ。とっても苦労することになるの。やってもやっても簡単にはマスターできなくなっちゃうのよ。どうせ勉強するなら、成果があがりやすい時にやっちゃったほうが得だと思わない？」。

でも、もしかしたらもっと感情的になって「こんなにひどい成績だったら、バスケットなんてやめさせてやるぅ」なんて言っていたかもしれません（笑）。親ですから…心配で

心配でいる時に、とても冷静でなんていられません。つい、そんな言葉が口から出てしまうこともあります。言ってしまった後に「感情的に子どもを叱るなんて、私はなんてひどい親なんだろう…」なんて思う必要は全くありません。たまには、そんな人間臭い部分を子どもに見せても良いかと思います。お母さんのあまりの形相に「これはまずいかも…」とダイレクトに子どもの心に届くこともありますから（笑）。

黒田式
導きの極意
㉞

今がこの子のゴールデンタイム、と思ったら、子どもの心に火をつけ導く。

3

子どもの優れた点に気付かない親のいけない共通点

教育者なら誰でも口にするとおり、子ども一人ひとりがそれぞれ別の人格を持った別々の人間で、その長所・個性はそれぞれに違っています。

教師になって約30年…その間、教室で5千人、ダンスの練習場で千人を超えるほどの子ども達と出会ってきました。それぞれの子どもが持っている才能の輝きには、いつも、言葉では表現できないほどに驚かされ感動させられます。真冬の空に燦然と光を放つ数えきれないほどの星を見ているようですから。

担任をしてきたクラスにも顧問をしてきたダンス部・チアリーディング部にもキラ星たちがたくさんいました。黒板を誰よりも綺麗に掃除することができる子、教室の端から端まで誰よりも一生懸命に掃くことができる子、席替えの時の「くじ」を誰よりも早く作ることのできる子、お友達にニックネームをつけるのが上手な子、誰よりもすすんでゴミ出しに行ってくれる子、誰よりも大きな声であいさつのできる子、部活の練習ノートにその日、覚えたダンスを漫画家顔負けの可愛い挿絵で記録できる子…たくさんいすぎて、とても書ききれません。

そんなすごい長所を、保護者面談や部活の保護者会の時、子ども達のお母さんに話をします。

「へぇ〜そうなんですかぁ」

そして、その次には、たいてい

「でもね、先生、そんなことができたって勉強ができないと、なんにもならないですよねぇ」

「うちの子って、そんなにすごいんですか」とうれしそうにしてくださる方は少数派。

「そうなんですよ、先生。うちの子は確かに勉強は苦手で何やらせてもぶきっちょなんですけれど、○○にかけては天下一品なんですよ！」と笑顔で答えてくださるお母さんはごくまれ…。

「勉強ができなくちゃ」とおっしゃったお母さんと「うちの子、すごいですよね」とおっしゃったお母さん、両者を比べた時、どちらのお子さんたちのほうが教室でのびのびとしていると思いますか？

答えは…後者です。

「うちの子、すごいですよね」のお母さんの子ども達は、教室でも（部活の）練習場でも、毎日、生き生きと、気持ち良さそうな顔をして過ごしています。お母さんに自分のことを認めてもらっている、という安心感があるからではないでしょうか。

「幼稚園児はこんなふうに可愛らしくあってほしい」

「小学生になったんだから、こんなことができるようになっていてほしい」
「もう中学生なんだから、このくらいのことは自分でできるはずだ」
「高校生として、このくらいの判断ができなくてどうする」

自分の子どもと向き合う時にこんな思いが頭の片隅にあるのは親として当然のこと。大切に育てれば育てるほど、期待は大きくなるのですから。

でも、そんな思いは実はお母さんの目の前の大きなフィルターとなっているのです。しかも色の濃い厚めの…。

黒田式
導きの極意
㉟

親自身が持っている、「こうあるべき」という色濃いフィルターをはずす。

そんなフィルターをかけて子どもを見たら、その子の真実の姿、その子が持っているたくさんの「優れたところ」が見えなくなってしまいます。

せっかく持っている子どもの長所に気付かない親御さんの共通点は、色濃いフィルターをかけて子どもを見てしまいがちだ、ということなのです。

「こうあるべきだ」という思いについてよく考えてみて下さい。それは単なる思い込みではないですか？　**子どものあるがままの姿を見ることが、子どもに適切な声かけをしてあげられる一番大切な条件です。**

適切に声かけをしてあげられれば、数年後にはおのずと、最大限に長所が引き伸ばされ心身共に健やかに大きく成長した子どもの姿が見えてくるのです。

今のありのままのその子を受け入れ、認め、いいところを探して声をかけ、ほめることで、「自分は認めてもらっている」「お母さんは私を大事に思っている」とその子が思うところが第一歩。そこから小さな課題を与え、ひとつひとつクリアしていき達成感と成功体験を味わせてあげるのです。「基礎がないから」とか「もう高校生だから」とあきらめてしまうのではなく、本人の心に火をつけ、そこをスタートに前進しましょう。

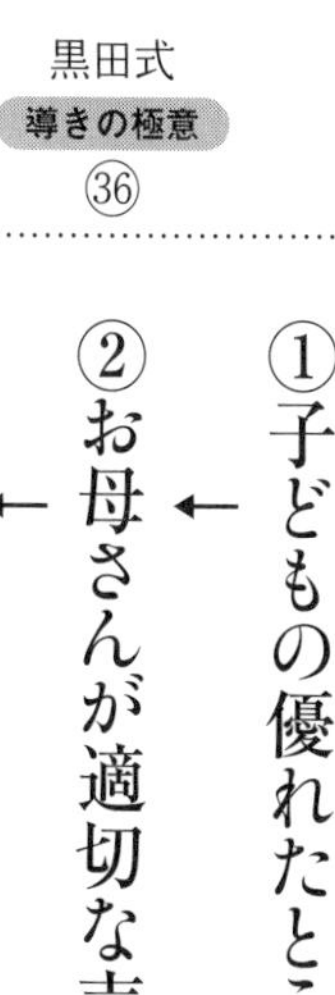

黒田式
導きの極意
㊱

①子どもの優れたところに目を向ける。
←
②お母さんが適切な声かけができるようになる。
←
③子どもの才能が引き出され伸びていく。

4 声かけの極意

ほめる時

明るい性格で誰とでも仲良くなれるようなタイプの子どもの場合は、何か良いことをした時、すぐに他人から認められほめられることを「嬉しい」と感じます。

臆病だったり、引っ込み思案な子どもの場合は、ほめてもらうこと、それ自体を負担に思うことがあるようです。まだ、教師になりたてだったころ、教室で大勢の生徒の前でほめて、生徒から「ひどい」と言って泣かれてしまったことがありました。それ以来、ほめていいのかいけないのか、どのタイミングでほめるのが一番よいのか、充分に考えてから行動に移すことにしています。

たとえば、とても引っ込み思案な子をほめたい時は「○○君、ちょっと渡したいものがあるから、あとで職員室にきてね」などと言って、その子が不審がらないように誘い出し、二人きりになった場面でほめています。

すると、「先生、見ていてくれたんだね、ありがとう。」などと思いもかけない言葉が聞けたこともありました。普段は見せてくれない表情まで見せてくれて、私自身が素敵なご褒美をもらった気分になりました。

「ほめられる」ことを嫌がる子、不快と感じる子はいません。**適切な場所と時間であれば、子どもの良いところや優れたところの、それまで目にすることができずにいたものが発見できる絶好のチャンスともなります。**

黒田式
導きの極意
㊲

ほめる時こそ、
TPO（時と場所、場合に応じて）が大切。

叱る時

「つい、か〜っとなって子どもを叱っちゃうんです」「いつも感情的に子どもを叱ってしまい自己嫌悪に陥ります」

そう言って子どもとの接し方に自信が持てずにいらっしゃるお母さんたちがたくさんいます。叱ることはそんなにいけないことでしょうか？

「ほめてのばす」というはやり言葉が教育関連の本の表紙に多く見られた時期がありました。

子どもの良いところを見つけ出して、その良いところをできるだけのばしてあげるのが、子育ての中で最も良いやり方、と誰もが思っていた、というか、思わされていました…。私は自分の子ども達を叱り飛ばしていましたよ。「ほめてのばす」が流行語大賞をとるのでは…という頃にさえ、バシバシと。

会社の上司だって、教師だって、親だって相手が喜ぶ言葉を言っているほうが楽に決まっています。それを言ったことで相手がおもしろく思わない言葉など、誰が好んで口にするでしょう？　まして学校の教師なんて、仕事として生徒と接しているわけですから、どんな子ども好きな愛情深い先生でも、熱血教師と呼ばれている先生でも、できることなら「言われて不愉快になる」言葉など言いたくない、と思っているのが本音のところではないでしょうか。だとしたら、いけないことをした時、その子が同じことを繰り返さないように教え諭（さと）してあげられるのは誰でしょう？

親をおいて他にはいない、ということなのです。嫌がられても嫌われても、少しの期間、お互い顔も見たくないほど気まずい雰囲気になろうとも、**「この子の将来のため」と真剣に思うのなら、叱ることなどなんということもないはずです。**

「どうせ私が言ってもきかないので、先生から注意してください」

この言葉、どう思われますか？

「え～っ、そんなこと言うお母さんなんていいるの？」

そう思われた方も多いことでしょう。

でも実際、親としての責任を私たち教師に丸投げするような言葉を口にする保護者の数が年々、増えているのは事実です。こんな他人任せな言葉を言うようなお母さんの言うことなど、いったいどこの子どもが聞くでしょう。

強い言葉で叱ることが他のどんな教育活動より良いことだ、と言うつもりはありません。叱らずにすむなら、それにこしたことはないです。しっかりと親の言うことに耳を傾けられる、言われたことを素直に受け入れられる人間に育てるには、親に、（子どもを）**叱り飛ばせるだけの勇気と気迫がなくてはならない**、と言いたいのです。

黒田式
導きの極意
㊳

親には叱り飛ばせるだけの勇気と気迫が不可欠。

こんな叱り方は教育的効果も絶大

「子どもを叱る時には５秒待ってから」とか「一呼吸おいて頭を冷やしてから」がよい、と普通の育児書には書いてあります。感情的に叱ってはいけないからなのでしょうけれど、私はか〜っと頭に血がのぼった途端、子ども達を叱りとばしていました。叱らなければならないことが、もし生死にもかかわるようなことだとしたら、５秒も待っていられませんよね。

それに親の真剣な思いを伝えるのに、「タロウちゃん、そんなことをしてはいけませんよ」なんていう冷静なことばを使って、はたして伝わるでしょうか？

「タロウ！　何やっているの。駄目よ！」

だめなものは、誰が何と言ってもダメ、それをしっかりと胸に刻み付けさせるには、多少、感情的であってもよいと思っています。感情的に何も考えず口から出た言葉は、言ったとたんに忘却の彼方です。ですからいつまでもいつまでも繰り返してはいけません。**叱られる子どものほうだって、「いい加減にしてよ」と言いたいくらい何回も繰り返されるより、一気に爆発的に叱られるほうが気持ちがいいものです。**

同じことで何回も叱られたら大人だって卑屈になってしまいますよね。悪いことをした次の瞬間、一気に短く…それが子どもの性格をゆがませない叱るタイミングです。

叱る時に言ってはいけない言葉

「どうしてこんなことをしたの？」

「なぜ、宿題をしなかったの？」

私は周りにいた人が飛び上がってビックリするくらい激しく、そして感情丸出しで子ども達を叱っていましたけれど、絶対にこんな叱り方はしませんでした。**「どうして？」「な**

ぜ?」と子どもに返事を求める叱り方をしてしまってはいけないのです。だめなものはダメという厳しい禁止の感情が子どもに伝わらないからです。

それに、普段とは違う切羽詰まった雰囲気の中に置かれ、母親の怖い、そして時として悲しそうな表情を目にし、子どもはもう充分につらい思いをしています。その上さらに追い打ちをかけるように追及されてしまっては、なんで叱られているのかを考える前に恐怖心がつのるというもの。**悪いことをして叱られた、という記憶より、とっても恐ろしい経験をした、という思いしか頭に残りません。それでは、何のために叱ったのか…意味がなくなってしまいます。**

黒田式
導きの極意
㊴

悪いことをした瞬間、一気に短く。
「なぜ?」「どうして?」は問わない。
それが子どもの性格を歪ませない叱るタイミング。

子どもの心にダイレクトに届く話し方

適切な時に効果的な声かけをしても、その言葉が子どもの心に届かなければ意味がありません。お母さんの言いたいことを子どもに理解してもらうためには、話し方にも注意をする必要があります。

人の話を聞いていて、その人の話の世界に惹きこまれ夢中になって聞いていたら、いつのまにか長い時間が経っていたという経験はありませんか？　逆に、とても良い話、ためになる話を聞いているはずなのに、時計ばかりを見てしまい「なんだぁ～まだ5分しかたっていないのかぁ…まだあと50分もある～」なんて思ったことはありませんか？

人の話に耳を傾ける時、集中できるかできないかは、話をする人の語りのうまさに大いに左右されると思います。

娘が念願の東京学芸大学附属高校に合格し合格者説明会に出席した時のことです。挨拶をされた副校長先生の話があまりに面白くて、夢中になって身を乗り出して聞いてしまいました。内容の面白さはもちろんのことなのですが、その話術のすばらしさといったら…。そして卒業式の時にも…校長先生、同窓会長、ＰＴＡ会長、多くの方々がお祝いの言葉を述べられ、思わず胸が熱くなるような感動的な話、思わず笑い声をもらしそうになる楽しい話をしてくださいました。式典は時間にすると3時間近くもあったでしょうか。とても短いとはいえないものでしたが、卒業生達の中からたった一言の私語ももれることはありませんでした。

どうしてでしょう？

答えは…「無駄な言葉がないから」です。「え〜」、「あ〜」といった意味のない、無駄な音が入らない、とってもなめらかな音のつながりの時間だったのです。

実は、その事実に気づいたのは、それから数か月たった時のこと。ある講演会に勉強に行った時のことでした。とても役に立つ、と評判の講師の話でした。一生懸命にメモを取りながら聞いていました。でも、どうしても落ち着かないし集中できない。どうしてなんだろう？　と思っている時、チョット嫌な感じの音がいつまでも耳の奥に残っているのに気がつきました。

「それから、エ〜、次の項目の…」とか「今から説明するのは、ア〜、エ〜ット、資料を見てください」のように、なくてもいい音が1文の中に必ず1音は入るのです。

子どもだって、お母さんから何かを言われる時、耳にすんなりと聞こえてくる話のほうが気持ちがいいし落ち着きますよね。子どもの心にダイレクトに話を伝えようと思ったら、「無駄な言葉、無駄な音のない話」をしようとするべきです。

そうはいっても、お母さんは話をするのを職業にしているわけではありません。私が言いたいのは、お母さんが子どもに伝えたいことを話すのに余計なことまで言っていませんか？　ということです。遠まわしにためらいながら、またはため息をついたり、無駄な音を入れたり、止まり止まりのような話し方では、なかなか真意が伝わりません。伝えたいことは率直にはっきりと。テレビやラジオで人の語り口調に注目してみると参考になるかと思います。

私は、母親であると同時に高校教師です。自分の子どもだけでなく人様からお預かりした大切な子ども達に教える立場にあります。少しでも多くのことを学ばせてあげたい、と思えば、その語りにも注意をしなければなりません。

黒田式
導きの極意
㊵

伝えたいことをきちんと子どもの心に届けるには話し方にも注意が必要。

5 伸びる子とは

何ごとも楽しめる子

高校の教師をやっていて一番可哀想に思える子は、何をやっていてもそれを楽しむことができない子です。逆にとても幸せな子だなぁ、と思うのは「与えられた条件の中で最大限に楽しむことができる子」。

文化祭の時、球技大会の時、合唱祭の時、どんな行事の時でも、教室には「つまらない」「だるい」「帰りたい」「何やったらいいの?」と自分は何もしないでいて、他の人が楽しい時間を与えてくれるのを待っている子たちがたくさんいます。その数は残念なことに年々、増えているように思います。

積極的に自分から行動を起こさずに、受動的な姿勢でいる子たちは、自分が置かれている平和で落ち着いた環境や、自分が手にしている嬉しいできごとを「幸せなことだ」と思うことができません。

でも、お母さんのちょっとした工夫でそう思わせない人間に育ててあげることができるのです。

「自分は不幸だ」と思っています。ほんのわずかな足りないことや満たされない思いばかりを気にしてのです。本当に気の毒です。

黒田式
導きの極意
㊶

〝楽しめない子〟は伸びない。
お母さんの〝工夫〟で楽しめる子に。

どんなことでも楽しめる子にする

「どんなことでも最大限に楽しむことができる」能力というのは、生まれながらに持っているわけではありません。子どもの性格にもよるかもしれませんけれど。

「好きなことなら何時間でもやるんだけどねぇ」

そんな言葉を耳にすることがありませんか？　子どもは自分の好きなこと、興味のあることに対しては大人が想像できないくらいの集中力で、しかも長い時間それに取り組み、楽しむことができます。でも苦手なこと、あるいはあまり興味のないことに対しては、その逆。ですから「どんなことでも（嫌なこと苦手なことでも）最大限に楽しむことができる」能力は、小さい頃に、遅くとも小学校の低学年の頃までに親が身につけさせてあげる必要があります。大きくなってからでは手遅れです。

楽しめる能力はどうやったら身につく？

「今、あなたが取り組んでいることは、とっても大変なことよね。でも、今のこの状況を楽しみましょう。」重大な決断を迫られている時に、受験勉強で必死の思いでいる時に、とっても大切な試合に臨もうとしている時に、高校生の子どもにこんな言葉かけができますか？

もちろん答えは「ＮＯ」。そんなことを言ったら「ふざけんなよ」と信頼を失ってしまいます。

でもどんなに深刻（子どもにとって）な問題でも小さな頃ならお母さんと一緒に楽しむことができます。

ケース1

おばあちゃんがおもちゃを買ってくださる、ということでお母さんと3人でおもちゃ屋さんに行きました。たくさんの魅力的なおもちゃを前にして洋平君は困ってしまいました。

「あれも欲しいし、これも欲しい、とてもひとつなんて決められない、どうしよう?」

困って泣き出しそうな時、お母さんが言いました。

「おもちゃたちみんな、ようちゃんのお友達になってようちゃんのおうちに行きたいって。でもね、今日はひとりのお友達しかおうちに連れて帰ることができないの。おうちで、お友達たちと遊んでいるところを思い浮かべてごらんなさい(しばらく間をおく)。今、ようちゃんのおうちに一番きてほしいのはどのおもちゃ?」

洋平くんは一生懸命に考えてひとつのおもちゃを指さします。

「じゃあ、あのおもちゃを連れて帰りましょうね。他のおもちゃさんたちには、また今度、おうちに来てもらうことにしましょうね」

洋平くんは嬉しそうにうなずきました。

ケース２

今日は保育園の運動会。かけっこが得意ではない愛ちゃんは不安でたまりません。

「転んだらどうしよう？　途中でおなかが痛くなったらどうしよう？」

もう何日も前から運動会のことを思い浮かべるだけで涙が出てきます。とくに「よ～いドン」のあのドンの音を想像すると怖くて仕方がありません。運動会の前の夜、お母さんが愛ちゃんにこんな話をしました。

「ママも愛ちゃんくらいの時、運動会が嫌いだったの。よ～いドンのあのドンの音が嫌いで」

「えっ？」

愛ちゃんはビックリ。

「順番を待っている時に大好きなお友達と一緒にいると思うことにしたの。うさぎさん、くまさん、ねこちゃんに犬のポチ。みんなで手をつないで。みんなでドキドキしているんだけど、特にくまさんのドキドキがすごいの。その顔がおかしくってママはいつも吹き出しそうになっていたのよ。そしてドンが鳴ったら一緒に走り出すの。そうしたらね、ドンの音がちっとも怖くなかったのよ。」ママが動物たちとドキドキしながらスタートラインに立っている様子や、みんなで一緒に走り出す様子を想像して思わず笑顔がこぼれた愛ちゃん…自分も勇気を出して走り出すことができるような気がしてきました。

二つのケースに共通していることは「想像」です。

子どもが嫌だ、辛い、と感じる状況下でも、想像力で楽しい場面を作り出し、その世界を楽しんでいます。恐怖も不安も消え、あとには「楽しさ」だけが残ります。**お母さんが子ども達の不安を取り除くだけでなく、今を最大に楽しませていたのです。**そしてその**「楽しい」という感情は、何をする上でも最高の原動力。自ら進んで取り組む人間にはなくてはならないものです。**

二つのケースのような場合だけでなく、日常生活のどんな状況においても、大切なのは負の要素を「－」ではなくその後の自分にとっての「＋」の要素となるのだ、と自分で思えるようにしてあげること。

小さな時にそう思う習慣のある子は、中高生になって目の前に嫌なことがあっても苦痛

と思わずに過ごせるようになります。例えば、

- 宿題がたくさんある…自分が物知りになる良い機会を与えてもらった。
- 部活の練習がきつい…練習の時にきつすぎるくらいのことをやっておけば試合の時、楽だ。
- 友人と人間関係がうまくいかない…自分と一番合わない人に会った。これから後どんな人に出会っても大丈夫だ。

といった具合に。

黒田式
導きの極意
㊷

「楽しい」という感情は、自ら進んで取り組む人間になくてはならないもの。子どもに、〝今〟を楽しませていますか？

6

部活の効用

勉強を理由に部活をやらないのはモッタイナイ

この本を書かせていただいている頃、娘の通う大学から「卒業認定通知書」が届きました。

医学部の6年生になってからの数か月間に4度の卒業試験がありました。それら全てに合格できなければ、さらにもう1年、大学で勉強しなければなりません。親しい先輩たちが何人も留年しているのを目の当たりにし、卒業の厳しさ、難しさを知っている娘にとっては緊張の続く数か月間でした。心から待ち望んだ卒業認定通知書でした。

日本学生支援機構と大学の奨学金で学費をまかないながら、私に経済的な負担をかけまいと、いくつものアルバイトを掛け持ちしていた娘。先輩や同級生と一緒に作り上げたダンス同好会のリーダーとして後輩たちをひっぱり、休まず練習に参加をしていた娘。大学の近くに住まわせてやるほどの経済的な余裕がないので、家から大学まで片道2時間の道のりを毎日、通っていた娘。…文句や泣き言のひとつも言うことなく精一杯の努力をしてきた娘の姿が脳裏をよぎり、通知書を見た瞬間、私も思わず涙がこぼれそうになりました。

朝早く家を出て、日付が代わってから家に帰ってくる日々も、あともうちょっと。

そんなことを考えていて気がつきました。

これと同じ思いを6年前、高校3年生の時にもしていました。小さな頃からやっている大好きなダンスを高校でもやりたくて仲の良い友達と一緒にダンス部を創り、楽しそうに練習に励んでいました。5時に起きて6時半には家を出て、帰ってくるのはいつも夜10時近く…時には日付が変わってからということもありました。勉強に部活にと走り抜けた3

年間でした。

自分の大学だけでなく医歯薬学部の学生のダンスサークルという数百人もの大集団のリーダーを務める活躍もしました。そんな大役を果たすことができたのは、多くの人が娘を助け、支えてくれたからです。誰からも慕われ愛される娘の人柄は、さまざまな個性をもった多くの友人と過ごした高校のダンス部の活動を通じて磨かれたように思います。**何もないところからスタートし、友達と話し合い助け合い、1歩1歩前進をする…その地道な努力は受験勉強にも役に立ったのは言うまでもありません。**

息子は高校を卒業する時、「学業優秀」という理由で学校創立者の先生の名前がつけられた名誉ある賞をいただきました。

卒業式の日、檀上で表彰される息子に長い時間を一緒にすごし苦楽を共にしたクラスの仲間とラグビー部の仲間たちが大きな拍手を送ってくれているのを見た時、胸が熱くなり思わず落涙してしまいました。

息子が心から信頼し大切に思い、互いに競い合い励まし合い、「受験勉強」という敵にも向かい合ってきた同志からの祝福は、息子にとって誰からの祝福よりも嬉しかったに違いありません。

黒田式
導きの極意
㊸

良き同志・良きライバル・良き仲間、これらがすべて受験勉強に役に立つ。

毎日、練習が終わって帰ってくると夜9時近く。疲れ果て、小さな子どものように食事をしながら居眠りをしていることさえありました。お風呂に入り10時を過ぎた頃から机に向かいます。どんなに疲れていても、数時間の勉強は欠かしたことがありませんでした。息子の意志の強さには頑固さでは負けない私も舌を巻くほどでした。

余談ですが、私は50歳を過ぎた今でも現役のチアリーダーです。プロ野球マスターズリーグ（現在は残念ながら開催を休止していますが）のオフィシャルチアリーダーでもあります。プロ野球OB選手達の試合のチアリーダーですから、さまざまな選手の現役時代の逸話を耳にすることができました。阪神タイガースで活躍をされた掛布雅之さん…まだ寮にいた若い頃、彼は、たとえどんなに疲れていようが、酔っ払っていようが、夜の素振りを欠かしたことがなかった、といいます。高い志のある人は、日頃の生活の中にも意志の強さが表れているのだなぁ、と感心したことを思い出しました。

息子がラグビーで学んだ「one for all, all for one」の精神は、将来、医師として現場で活躍をする時、必ず役に立つことでしょう。「ノーサイド」つまり、試合が終わったら敵も味方もないという精神は、広く深い心で多くの人と向き合える医師へと息子を導いてくれるに違いありません。

受験勉強は範囲のない勉強…「これでいい」というゴールが見えない闘いです。よほどの強い精神力がなければ戦い抜くことなどできません。同じ目標に向かって邁進し、時には愚痴や泣き言を聞いてくれる仲間がいることがどれほど嬉しく有難いことか。

また、部活の仲間は同志であると同時にライバルにもなってくれます。かつて浅田真央選手が好敵手キム・ヨナ選手のことを聞かれた時「キム・ヨナ選手がいなかったら（自分は）ここまで成長できなかった」と言っていたことがあります。

闘いの場所が机の上、答案用紙の上であっても、良きライバルにいてもらいたいのは同じです。

受験勉強を理由に部活をやらないでいるのは本当にもったいないことです。もし部活をやりたいと子どもが思っているのに、お母さんが「そんなことをしている場合ではないでしょう?」などと言って阻止しているのなら、それは親として最大の過ちを犯していると言っても過言ではありません。

黒田式
導きの極意
㊹

部活をやりたがる子どもに、「そんなことをしている場合ではないでしょう?」と言って阻止しているならそれは親として最大の過ち。

部活が教えてくれる大切なこと

「○○には高校の時、部活をやった経験がないからなぁ」

娘は家でよく、大学のダンス同好会の話をしてくれます。後輩たちのことが可愛くてならないからなのでしょうけれど、いつも心配しています。頻繁に口にするのが、この言葉。

こうしてほしい、これをやっておいてほしい、と望んでもあの子（後輩）はやってくれない。でも、もし自分だったら当然のごとくやっていたはず…どうして、あの子にはわからないのだろう？　伝わらないのだろう？　と考えてみた時、理由として考えられるのがあの子の「部活の経験なし」の事実。

練習を見ている先輩の前を何も言わず通り過ぎる、先輩が練習場に入ってきても挨拶をしない…そんな日常生活の中の小さなことさえも先輩として娘が教えなければならなかったのだそうです。

「大学にいる時に学べてよかったよねぇ、あの子たち」と娘は笑っています。

本当にその通り。彼らがこのまま卒業したら「何も知らない非常識な人間」とレッテルを張られてしまいます。将来ドクターとして活躍するのでしょうけれど、「ドクターとして」の前に「一人の人間として」恥ずかしいというものです。

私もダンス部・チアリーディング部でお預かりしている子ども達に話をします。「ダンスが上手になりたいだけなら、学校の部活に入らず、ダンススクールに行きなさい」と。

集団生活では自分の思い通りにならないことがとても多いです。我慢することや耐えることばかりです。また、人の気持ちを思いやることができないと仲間に入れてもらえません。部活に入ると、まず学ぶことは「技術」ではありません。集団の中で生きていく「人間性」です。部活をやる、ということは、**技術の習得より何より、将来、どれだけ自分の力を伸ばしていかれるか、どれだけ幸せな人生を切り開いていけるかを左右する「人間力」を養うということ**なのです。

家にいるだけでは、教室にいるだけでは経験できないこと、学べないことがたくさんあります。周りの人から慕われ信頼される人間になるために知っておくべきことを部活は教えてくれるのです。

もし経済的に許されるのなら中学高校で何か部活に入ることをお勧めします。

黒田式
導きの極意
㊺

部活は、どれだけ自分の力を伸ばしていくことができるか、どれだけ幸せな人生を切り開いていけるか、を左右する「人間力」を養う場。

部活の中でさせる成功体験

第1章で書きました「繰り返し学習」による成功体験を味わうことは、部活をする高校生たちにも同様に大きな成長をもたらしました。簡単なステップが昨日より上手になった、とか、先週より少し高く脚があがるようになった、とか、そんな小さな成長でいいのです。とかくスポーツ（ダンスも含む）では、自分の成長を実感することはできません。自分の目で見ることができないから当たり前なのですけれど。それを顧問の教師が大げさすぎるくらいにほめてやるのです。

小さな子どもだけでなく中学生だって高校生だって叱られるのよりほめられるほうが嬉しいに決まっています。しかもそれを「どういうところが」うまくなったのか、成長した**のか、具体的に指摘してもらえれば、自分がやってきたそれまでの練習が無意味でなかっ**

たことが実感できます。次に、またその次に…と気持ちが前に進んでいくのは当然のことです。

そして小さな成長を指摘してもらえたことは「先生は私を見ていてくれた」という安心・喜びにつながります。部活の指導において何よりも大切なのは生徒と指導者との信頼関係。成功体験の喜びは信頼関係の伸展、そして、その先の、チームとしての大きな成長につながっていくのです。

頑張ってもうまくいかなかった時にかけてあげる言葉

どんなに一生懸命にやっても納得のいく結果に終わらなかったり、深い悲しみや挫折を味わったりすることがあります。大人だったら精神的に立ち直るのにそんな時間がかかることがないようなことでも、子どもの場合には大変です。

「よく頑張ったよね。それだけで偉いよ」「頑張ったことは無駄にはならないよ」そんな言葉をかけられたら子どもは余計に辛くなってしまいます。

私は、刺繍を見せることにしていました。ものすごくシンプルなのと複雑なのと両方。裏側を見せて二つの違いを見せます。

「どっちのほうがごちゃごちゃしてる？」

「こっち」

それから表側を見せて

「どっちのほうが綺麗？」

「こっち」

複雑なほうを指さします。

「糸はね、人の気持ちを表しているの。悲しい気持ちや苦しい気持ち、そして嬉しい気持ち。刺繍は、その人の人生。いろんな糸がたくさん使われて複雑に入り組んでいるほうが綺麗な刺繍でしょ。人の人生も同じ。苦しみや悲しみ、苦労が多いほど、素敵な人生になるのよ。」

それ以上は言う必要はありません。実際、**眼で見て感じている子ども達には十分に伝わっていますから。**

黒田式
導きの極意
㊻

うまくいかなかった時、なぐさめない。言葉かけ以外の方法で。目で見て感じさせることもひとつの手法。

部活にも生かされるスキンシップの効果

「先生、ギューッってして」

新採用で赴任し初めて日本チャンピオンチームに育てた神奈川県立住吉高校の生徒がよく演技前にこんなことを言っていました。大切な試合の前、イベントでの演技の前、私は生徒たちを一人ひとり抱きしめていました。

高校生にそんなことをしたら「気持ち悪い」と嫌がられるかもしれない、と心配したのですけれど、そんな心配は全く必要ありませんでした。不安な時、心を許せる人に触れられることはとても安心できるようです。みんなが「やって」と言うものですから、「ギューッ」は、いつの間にか、チームの恒例行事となりました。

お母さんの手は魔法の手

よく「手当」といいますよね。どんな薬も効かず痛みで悶絶をしている子どもに、お母さんがそっと手を触れ、さすってやっただけで落ち着くといいます。子どもたちに「コンビニのおにぎりとお母さんが作ってくれたおにぎり、どっちのほうがおいしい？」と聞くとほとんどの子が「おかあさんの」と答えます。以前コマーシャルにもありましたけれど「お母さんの手は魔法の手」なんです。**そっと背中をさすってやったり、手をぎゅっと握ってやるだけで生徒達の緊張がほぐれたり、落ち着きを取り戻したりします。大一番の勝負の前には、どんなすごい言葉よりお母さんの手の威力が助けになる**のです。

高校生だってスキンシップを求めている

「先生、頭が痛いんだぁ」

「どれどれ？」

K君の額に手を当ててみました。

「う～ん、ちょっと熱があるかな？」

するとそばにいたY君が「先生、俺も俺も…」。U君まで「先生、俺もだよぉ」。

これは高校3年生の教室での出来事です。

私よりずっと大きな男子高校生たちが順番に額に手をあて熱があるか、みてほしい、と言っているのです。とっても可愛らしいと思いませんか？

子どもはいくつになっても子ども。お母さんの手の温かさが嬉しいのです。その事実を日頃、高校生に接している私たち高校教師以外の人たちは知らないかもしれません。大きな図体の男子高校生が、まさか自分に甘えたいと思っているなんて思ってもみませんから、子どもがスキンシップを求めても「何、気持ち悪いこと言ってんの」なんて冷たくかわしてしまうことになるのです。それを子どもはどれほど悲しいと思っているか。

とはいえ、日本の社会にあって親子の抱擁は子ども時代まで、大人になってまでやっていては「あの親子、ちょっと変」なんて勘違いされそう。

大切な試合の日、試験の日、朝、送り出してあげる時、そっと手を握ってあげましょう。親子ですから言葉に出して言わなくても、それでお母さんの気持ちは十分に伝わります。お母さんの「いつでもあなたを応援しているから」の気持ちが一番よく伝わる方法です。

黒田式
導きの極意
㊼

大一番の勝負前には お母さんの手のぬくもりが大きな助けに。

思春期を「難しい時期」と思っているのは間違った先入観

思春期の子どもとの過ごし方

中学校から高校にかけての時期は一般に「一番難しい時期」「扱いずらい年頃」と思われています。どうしてでしょう？　しっかりと自我が確立し、精神的にも肉体的にも大人に近づき、それまでのようにお母さん・お父さんの言われるままに行動することを嫌がるからです。

「○○しましょう」とお母さんが言えば、素直にそれに従ってきた子どもが「そんなことをする必要があるの？」とか「そんなことしたくないよ」と言い返すようになります。

子どもにとっては、それほど大きな変化でなくても、親にとっては天地がひっくりかえるほどの大きな変化です。それまで「かわいい、かわいい私の○○ちゃん」と思ってきたお母さんにとって、子どもが自分の言ったことに素直に従わなくなるなんて、絶対に受け入れられないこと、受け入れたくないことです。自分の分身であった子どもが徐々に離れていく…できることなら、いつまでも起きてほしくない厳しい現実です。

ですから、子どもの自立による変化を、親たちは「反抗期」と呼びます。でもそれは子どもが親に本当に反抗したり抵抗したりしているわけではありません。精神的に成長し、親とは別のしっかりとした人格をもった一人の大人になったという、実は、喜ぶべき成長の証（あかし）なのです。

担任した生徒たちの中に、**高校に入ったとたん、勉強にも部活にも…学校生活の全てにやる気を失い、学校以外のところに居場所を見つけ、遂には登校するのもままならなくなり辞めていく子ども達がいました。**そのように変わってしまった要因は、もちろんいろいろとあったのですけれど、**共通していたのは、「中学生までお母さんの言いなりだった」**ということです。

素直でおとなしくて、お母さんに言われるままに、お母さんのしいてくれたレールの上を走ってきた子ども達が、ある日突然、お母さんの奴隷のような自分に嫌気がさしてしまったのです。そして、お母さんが望むのと正反対の方向に進もうと動き出してしまったのでした。

先回りしてどんどんと道案内をするのではなく、足踏みをしたり、時に逆戻りをすることがあっても、自分で考えさせる時間を与え、大切な決定事項を決めさせる勇気を、お母さんは持たなければなりません。

黒田式
導きの極意
㊽

学校以外のところに居場所を見つけ、辞めていく子ども達に共通していたのは、「中学生までお母さんの言いなりだった」ということ。

思春期は子どもとの友情をはぐくむ季節

胎児から幼児、そして小学校を卒園するころまでに、しっかりと知識・技能・思考の土台を築きあげることができたなら、中学校から高校までの時期には、親は子どもと、それまでの時期とはまた別の楽しい人間関係を築くことができます。

初めて制服を着た時、初めて定期券を持った時、初めて革の靴をはいて登校した時、初めて定期試験に臨んだ時…子どもは、今まで経験をしたことのない快感、ちょっとだけ大人になった快感を味わいます。その一つひとつの興奮を、お母さんも一緒に楽しんでしまいましょう。

ただ、親とは別の世界を持ち始めた子どもに、それまでのようにべったりと寄り添うのでは、子どもの方でも後ずさりしてしまいます。正面から向き合いながらも、少し距離を

置くくらいがちょうどよいかもしれません。

黒田式

㊾

**先回りしない。
自分で考えさせる時間を与え、
決定事項を決めさせる勇気を持つ。**

初めて電車に乗って通学を始めた娘に「ちゃんと定期は持った？　ハンカチ・ちり紙は？　教科書・ノートは大丈夫？　降りる駅を間違えないようにしなさい。乗り換えはしっかりと頭に入っている？　電車の中は混んでいるから気をつけなさい。帰りが遅くなるようなら、ちゃんと連絡をしなさい。」家に帰ってくるまで不安の連続で言いたいことは山のようにあります。

でも我慢して一言少な目に「忘れ物のないようにね。あまり遅くなるようなら心配だから電話してね。」くらいにしておきましょう。

そして時には「電車の中に素敵な男の子がいてもジッと見ちゃだめよ。」なんておもしろいことも言ってみます。

「ママにもそんなことがあったの？」

「あったあった。ママはず〜っと女子校だったでしょ、普段、男の子と話なんてすることなかったからね。毎朝、電車の中で見かける素敵な男の子にドキドキしていたのよ」
「へぇ〜、その男の子、どんな子だったの？　誰に似てた？」
「その子とは何かしゃべったの？」

次から次へと話が弾みます。

思春期の子どもとは、それまでとは違った人間関係をはぐくむことができる絶好の機会です。それまでの関係が親と子が上と下にある関係なら、この時期の関係は横に一直線の関係です。上下関係だと、子どもも上を見上げるのが大変。でも横一列の関係なら、眼と眼がもっと合いやすくなります。真正面から向き合える関係です。

受験期を迎えた時、上下関係しかない親子では、言いたいこともなかなか伝えられません。横一列の関係もあって初めて、同志として共に闘えるというものです。人間関係構築のためになくてはならない重要な時期。**「難しい時期」なんてはじめから尻込みするのではなく、積極的に心のふれあいを持つことが大切**なのは言うまでもありません。

繰り返しになりますが、大切なのは、「一言少なめ」。肉親だったら遠慮なく言うことでも、友達どうしだったら、それがどんなに親しい間柄でも、少しは気をつかいませんか？

その**親しい友人に接するようなくらいの距離感がちょうどいい**と思います。

黒田式
導きの極意
㊿

思春期は言いたいことが山ほどあるけれど、我慢がまん。一言少なめが丁度いい。

つかず離れず…良い親ほど有能なペースメーカー

親が主導権をもち、導き学ぶ姿勢を体得させるのは小学生まで。中学生になったら、親の導きは、もう必要ではありません。むしろやってはいけません。

そっと横に寄り添うか、後ろにいて、子どもが困っている時、あるいは、ちょっと道をあやまってしまいそうな時に声をかけ、正しく軌道修正してやるのです。マラソンでいうならペースメーカーの役割を担うべきです。

黒田式
導きの極意
51

親が主導権を持ち、
導き学ぶ姿勢を体得させるのは小学生まで。
中学生になったらむしろやるべきではない。

親だからこそわかる、ちょっとした表情の変化があります。親だから感じ取れる気持ちの揺れがあります。受験生は、見かけは大人でも精神的には、まだ子ども。**どんなに強がっていても、どんなに気張っていても心の奥で「救われたい、助けてほしい」と思っているのです。**

最後の勝負は自分でするものですが、その過程にある、しなくていい心配事や不安は少しでも早く取り除いてやりましょう。

「大丈夫よ。」と声をかけてもらっただけで、ずいぶんと心は落ち着くものです。落ち着いて前を向けるよう、つかず離れずの名ペースメーカーでいるようにしましょう。

高校の教師をしていると、日々、生徒たちが、いろいろな相談事を持ちかけます。部活のこと、勉強のこと、親のこと…でも、ほとんどの場合、私の答えなど最初から期待していません。と言うより望んでいません。私に望むのは「静かな聞き手」という役割を担うこと。なぜなら…子ども達の頭の中には、すでに答えが用意されていて、それに対して私が「大丈夫よ」とか「よく頑張ったね」という言葉をかけてくれるのを期待しているからです。もし、用意された答えと全く違う答えを言ってしまったら、彼らは傷つき動揺します。

本当に私のアドバイスを必要としているのか、それとも太鼓判を押してもらうためだけに聞いているのか、正しく見極める必要があります。教師もある意味で生徒たちにとってのペースメーカーなのかもしれません。

黒田式
導きの極意
52

最後の勝負は自分でするもの。
でもその過程にある、
しなくていい心配事や不安は
少しでも早く取り除いてあげましょう。

どこまで子どもの自主性にまかせる？

最近、教育についての話題を目にしたり耳にしたりする時、よく目にする言葉があります。

「子どもの自主性を育てる」とか「子どもが自ら進んで行う」という言葉です。大阪での体罰事件以後、特に声高に聞かれるようになりました。

親や教師に言われてから行動するのではなく、自ら考え、自らの判断によって行動させようというその手法は、（私の）子ども達が学んだ学校の様子を思い返してみれば、どれほど大きな教育的効果をもたらすか理解できます。私もとても良い教育手法であると思っています。

でも、それは自分が教師として生徒という「集団」を相手にした時にこそ有効なものだと思っています。

子どもに全幅の責任をおうことになる親の立場では危険要素がたくさんあります。実践するには大きな勇気が必要だと思います。子ども達が気づくまで声をかけない、たとえ失敗したとしても…教師ならば「失敗も人生の成功者となるための糧」と生徒達に教えられるでしょう。親なら…？

子どもがみすみす失敗するとわかっていて、あえて声をかけずになどいられるでしょうか？　あとチョットで待ち望んだ成功や大きな栄光を手にすることができるのに、声かけや励ましをせずにいるなどということができるでしょうか？

いろいろな親御さんがいます。答えはいろいろ。少なくとも私はできませんでした。

なぜなら…**成功すること栄光をつかむことで、子どもがどれほどの自信を得るかを、そしてその自信こそが苦しいこと・悲しいことも多い人生をしっかりと自分の足で歩んでいかれる力となる**ことを知っていたからです。

テレビを観ても、雑誌・新聞を見ても、子育てや教育に関する話を目にしない日はないくらい。教育は社会の大きな関心事です。さまざまな情報が錯綜し、親としては落ち着いてなどいられない。動揺するばかりです。

でも「私もそれ（流行っている教育手法）をしなくちゃ」などと思う必要はまったくありません。必要なところを必要な分量だけ、自分なりに活用をすればよいのですから。

今、指導しているダンス部の育成にあたって、私は、自主性を重んじる手法を取り入れています。**常に生徒達に考えさせ、自ら気づかせ、生徒達が助言や意見を求めてくるまで、私の方から過度な指示を与えることをしない**のです。

大きな大会につながる地方予選大会に初出場をした時のことです。あと1点というところで本選出場を逃しました。

いつまでもいつまでも大粒の涙を流して悲しんでいる生徒達の姿を見て、私は心から後悔をしました。「あの時、もっとあれをやらせておくべきだった、もっと教えておくべきだった」と。

生徒達を励まし勇気づけながら、実は私自身が相当に落ち込みました。生徒の前では我慢していた涙が一人きりになると堰を切ったように流れ落ちました。「こんな思いは二度としたくない」と思いました。

その日の夜、高校サッカー界で全国に名を轟かす、ある有名な先生からメッセージをいただきました。私の落ち込みようを察知してか温かな励ましや慰めの言葉が書き連ねてありました。自主性を重んじる手法で全国レベルの大きな成果を出してきた先生が伝えてきてくださったのは…「僕は生徒を厳しく管理していますよ。指導もするしアドバイスもします。自分の思った通りに指導をしています」

そして最後は「後悔は絶対にしたくありませんから‼」こんな言葉で締めくくられていました。

私の迷いは一気に晴れました。「私は私のやりかたで突き進もう」と。

放任主義であってはならない

前の項で高校生くらいの時期、親は「ペースメーカーであるべき」と書きました。でもそれは決して「何もしない」ということではありません。

きちんと正しい方向に向かって、子どもが全力で走り続けられるよう、しっかりと見守り、時には厳しい言葉で軌道修正する必要があります。**つかず離れずの関係を保ちつつも、必要な時には意見する**…100パーセント顔を突き合わせている関係より、実は、難しい関係といえるかもしれません。

でも生まれてから10年以上もの年月、ずっと見守り続けたのです。「親である私以上に、この子のことを理解している人間はいない」と自信を持つべきです。

そして「私がしなくて誰がする?」くらいの気持ちで声かけをしましょう（かけてあげる有効な言葉については別の章で詳しく書いてあります）。

優しく話しかけたり、声をかけたりしても「うるさいなぁ」とか「余計なことをしないで」なんて言葉を浴びせられることがあるかもしれません。いろいろなことで傷いたり悩んだりする時期です。心を許しているから本当に信頼しているからこそ、お母さんに対して冷たくあたるのです。心底、優しい言葉かけをうるさい・邪魔と思っているわけではありませんから心配をする必要はありません。

「この子も外では懸命に闘っているんだ」と大きな心でドンと受け止めてあげましょう。

「いつでも見守っているからね」なんて言葉には出して言わなくても、子どもが「自分には最高の理解者がいる！」と思っていてくれることが大切です。その安心感が、どんな時にも、何をするにも、大きな心の支えとなるのですから。

黒田式
導きの極意
53

「親である私以上に、この子を理解している人間はいない」と自信を持つ。

大学受験～医学部受験のあれこれ

よく電車の中で見かける大手進学塾のバッグを下げた小学生達のお母様方が、子どもに望んでいるのは、以前は東大合格、今は「医学部合格」に変わってきていると、その塾の講師をしている、かつての教え子に聞いたことがあります。

一概に医学部といっても、難関医学部からそうでない医学部まであるのも事実。医学部受験については詳しいノウハウ本が出版されていますのでここではあえて記載しません。

特筆すべきは、偏差値が高くなるにつれて一般家庭の子弟の合格率が高くなる、ということ。

そして偏差値の高さと学納金の高さが反比例します。つまり偏差値が高いほど学納金は安い傾向があります。年収の低い一般家庭の子ども達が少しでも親への負担を減らそうと偏差値の高い難関医学部を狙っているという図が見えてきます。ですから難関医学部の合格は困難を極めます。

中堅ランク以上の医学部に合格するのは大変なこと。高校でちょっと成績優秀ぐらいでは受かりません。医学部以外のほとんどの私学が実施しているマークシート方式のような試験とは違い、幅広い知識に深い思考力と判断力、そして記述能力が求められる問題を、決められた時間内に過不足なく答えていかなければならないからです。確かな学力に加え卓越した判断力、集中力が必要です。昨日や今日のつめ込みの勉強ではとても身につけることができません。

また、医学部は筆記試験の1次の後に面接と小論文の2次試験があります。A大学の2次試験がB大学の1次試験となってしまったら…1校は戦わずして不合格です。そんなことにならないよう十分、日程表を確認し予定を組む必要があります。

りません。

医学部の高額な学費も親の熱意でどうにかなる

大学の偏差値に本人の個性、さらに医学部の場合は学費のことも考えておかなければなりません。

一般に**医学部の場合は偏差値と学費が反比例する、**と言われています。偏差値が高く入るのが難しくなればなるほど学費が安くなるのです（とはいえ、私立の医学部の学費は庶民の感覚とはかけ離れているほど高額ではありますけれど）。偏差値が低くて合格しやすそうだから、という理由だけで受験を決めてしまい、合格し、いざ入学手続きで諸費用を納金しようとし、あまりの高額さに愕然とし、やむなく入学をあきらめる、ということにもなりかねません。

入学時にいくら必要なのか、初年度にいくら納めるのか、6年間で総額いくら支払うことになるのか、それらをしっかりと確認しておく必要があります。

私立医学部の中で最も諸費用の安いといわれている大学でも、入学手続き時に必要なのは数百万円ものお金。６年間では数千万円ものお金が必要となります。国民の平均年収が４００万円といわれている時代にあって、その額は庶民の感覚をはるかに超えたもの。よほどの資産家かドクター、弁護士、実業家という有産階級の人達にしか払うことはできません。

運よく国公立大学の医学部に合格できればいいけれど、そうでなかった場合、どうするか、です（トップレベルの医学部を志望している受験生たちなら、その学力の差などありません。最後、合否を決するのは「運」と言わざるを得ない結果を何度も見てきました）。では学費を理由にあきらめさせるか…それでは、あまりに可哀想というもの。

入学させてやるためにありとあらゆる手段を探るのも親の仕事です。親の熱意が入学を可能にするかどうか決する、と言ってもいいくらいです。大学独自に奨学金制度を設けている大学もあれば、入試の成績優秀者に対して奨励金を出している大学もあります。また医学生のために奨学金制度を設けている県もあれば、卒業後、故郷に戻ってくることを条件にして学費を無利子で貸与している市町村もあります。

一般的に一番よく使われているのは**日本学生支援機構からの貸与金**でしょうか。無利子で借りられる1種と利子のつく2種があります。できるだけ1種の利用のみで学費をおさめられるのがいいのでしょうけれど、娘の場合には1種と2種を併用しました。それに加えて大学独自で設けている奨学金制度を利用し、6年間で約3000万円もの学費をおさめることができました。

公務員の私のお給料では、とても支払うことのできない金額でした。日本学生支援機構と大学に対し、今、あらためて感謝の気持ちでいっぱいです。

娘は卒業と同時に多額の借金を背負うこととなります。

「親の私に甲斐性がないために申し訳ない」なんて、娘の顔を見るたびに思いました。でも当の本人は結構アッケラカンとしています。

「A先輩は、そんなの5年もしないで返済できちゃうよ、って言うし、B先輩なんて、3

年もかからないよ、なんて言うのよ、ハハハ」

現役で活躍中の大学の先輩方がいろいろと体験談を聞かせてくださるようです。元気に働いてさえいれば、多額の借金返済もドクターたちには、それほど辛いことではないようです。

黒田式
導きの極意
㊹

学費捻出のため ありとあらゆる手段を探るのも親の仕事。

情報をキャッチして受験スケジュールは親が決める

次にお話するのは、娘が実際に受験生となって初めて知ったことです。決戦がより現実化し「どんな小さな情報でもいいから集めたい」と情報網を張り巡らせていたからこそ知りえた情報です。本当のことだったかもしれないし、デマだったかもしれない…真相は確かではありません。でもどんな些細なことでも合格のために－（マイナス）要素となりえるのなら、回避しておくにこしたことはありません。

私立大学の医学部の受験科目は通常、英語・数学・それに理科2科目。国立大学の場合は、さらにこれに加え国語。理科2科目の内訳は化学と物理、あるいは化学と生物。一般的に男子学生には物理選択者、女子には生物選択者が多いと言われています。娘が選択したのも化学と生物でした。

出願する大学をいろいろ考えていた時、娘が突然「〇〇大学（結構、人気のある私立医大）は避けようと思う」と言い出しました。「どうして？」と私。

「〇〇大学は女子より男子にたくさん入ってきてほしいんだって。だから物理受験者のほうが圧倒的に有利らしいわよ」

男子の受験生の多い物理より、女子の受験生の多い生物の問題を難化させて、「物理受験者有利」作戦を展開しているというのです。

これはあくまで娘が予備校で得てきた情報です。実際、大学が告知したことではありません。でも長年に渡り、受験について多くの情報を得て、さまざまな角度から分析をしている予備校のこと。信憑性はかなりのものだと思いました。

医学部を受験する学生はおしなべて優秀な生徒。おそらく英語・数学では大きな差が出ないのでしょう。差が出ると思われる理科での操作は、受験生の運命を左右することになりかねません。

人気のある名門大学であるにもかかわらず娘が出願しなかったのは言うまでもありません。

大学独自の入試説明会で「同点なら男子をとります」と明言している大学もありました。

公正であるはず、と思うのは単なる思い込み。大学受験の世界には、性による差別というか優位性がいまだ悠然と残っているようです。そんな社会の不条理を子どもが味わうのは悲しく残念ではありますけれど、それが現実ですから仕方がありません。**どんな小さなことでも一（マイナス）要素は最大限排除しましょう。**

実際にその場になって初めてわかるということはどのような場でもあること。広く情報をキャッチするアンテナを張り巡らせることも合格大作戦を展開していく大切な戦法と言

えるでしょう。

入試を目前にひかえ、精神的にも追いつめられている時、たくさんの資料を見て情報をキャッチして受験校を決めるなど、やってみてわかりましたが、受験生本人にできるはずはありません。

受験スケジュール等は絶対に親が決めましょう。

黒田式
導きの極意
55

情報のアンテナを張り巡らせ…受験スケジュールは親が決める。

とにかく医学部に合格したい場合、こんな方法も

娘は大学1年生の冬休み、予備校が企画した医学部受験を目指す受験生のための合宿型直前ゼミにチューターとして参加をしました。

大学生のアルバイトとしては破格の高いギャラ、宿泊するのはゴージャスなホテル、受験生と一緒にいただく3回のお食事は栄養満点でとっても美味しい…最高に条件のよい、魅力的なアルバイトです。

チューターというのは、日々の生活の中で受験生の悩みを聞いてあげたり、いろいろな相談にのってあげたり、自習時間にわからないところを教えてあげたり…といったお世話係。難しい問題の解き方を聞かれた時に「できない」とは言えない緊張感をのぞけば、とっても楽しいアルバイトだったようです。

そして、受験生の中には、18歳の娘よりずっと年上の人もいて、受験勉強以外のところ

では逆に娘が受験生たちから多くのことを学ばせていただいたそうです。

今、覚えているのはその合宿ゼミの費用の高さ。今から6年ほど前で、たしか70万円ほどであったと思います。受験の直前、一番大切な時に合宿なんて、しかも、そんなに高額な…というのは庶民の考え。結構この合宿は人気があって参加者募集と同時に定員に達してしまうのだそうです。

いったいどんな受験生が参加するのだと思いますか？　私も不思議に思って娘に聞いてみました。すると「自分では勉強できない子がたくさんいるのよ。一人でいると勉強以外のことに目が向いちゃうんだって。勉強が嫌いなのね」。

お父様がおやりになっている大病院の跡継ぎで、どんなことがあっても医学部に合格しなければならない男の子、自分は医学になんて全く興味はないんだけれど「どうしても医学部にいけ」と言われ親御さんに無理やり参加させられた女の子、もう3浪目で背水の陣で参加してきたお兄さん…参加者にはそれぞれにドラマがあったようです。

この合宿に限らず、医学部受験のための少人数制予備校や医学部受験専門の家庭教師……ただ合格だけを目指すのならばお金はかかりますが、強力にバックアップしてくれる機関はいくらでもあります。**「どうしても医学部、なにがなんでも医学部」という場合は、そのような機関を上手に活用する**のもよいかと思います。

黒田式
導きの極意
56

強力にバックアップしてくれる機関を利用する手もある。

9 受験シーズンにかけてあげると効果的な言葉

切羽つまっている感じがする時

受験本番が迫ってくると、子どもは不安と緊張で押しつぶされそうになります。いくら決戦を直前にひかえているとはいえ、受験生は機械ではない生身の人間。時には、背負っている重い荷物を床に置き、肩の力を抜きたいと思うものです。

「息がつまっているな」「せっぱつまっているな」

とお母さんが見て思うほどならこんな言葉をかけてあげましょう。

「今日は顔色がさえないわねぇ。早く元気にならないとね。今日は少し早く寝たら？」

「肩に力が入ってるよ。頭に血が回らないでしょ？　一緒に買い物に行こう」

子どもも本当は心のどこかで「今日はちょっと休みたい」と思うことがあるのです。でもそれを自分の判断でやってしまうと、物凄い罪悪感を感じ、余計にプレッシャーを感じてしまうことになります。でも人に言われたなら…さほど罪悪感を感じずに安心して休むことができるのです。

我が家でも受験シーズン突入の直前には、家族で過ごす時間を積極的に取るようにし、本人たちの気持ちをたくさん聞いてあげるようにしていました。適度な休憩・休息は集中力を高めるのに大いに役立ったようです。

これは部活にも同じことが言えます。

大会が近付いてくると、たいていどのチームも練習量を増やそうとします。でも毎日毎日、練習漬けの日々だと生徒は体力的に精神的に疲れてきます。そうすると必ず部長が

「明日は朝練をしますか？」と聞いてきます。いつもはそんなことは絶対に聞かないのに。それは、「だいぶ皆の疲労がたまってきたから、そろそろ休もうか？」と私が言ってくれるのを期待しているのです。

あるいは、ちょっと調子のよくない生徒が私のところに来ると必ず同じことを言います。

「今日はちょっと足が（手のこともあります）おかしいんです…」

必ず、「それで？」と聞きます。

すると生徒は「練習を休んでもいいですか？」と聞きます。自分から「練習を休みにします」と言うことには抵抗があるので、私のほうから「そう。なら、今日は練習休む？」と言ってくれるのを期待しているのです。

自分のことは自分で考え、自分の判断で行動できる人間になってほしいと思っています。ですので、生徒の気持ちが理解できるものの、**最後の判断は自分で行い自分の言葉**

で、それを私に伝えるように促します。

「練習を休みにしてもいいですか?」

私はすぐに「もちろん!」と答えます。その時の生徒達のホッとした表情と言ったら…(笑)。

私は、こんな言葉かけもします。

「自分のあさって、1週間後、1か月後のことを考えて休養をするのも大切なこと。自分の体調を考えて「休む判断」ができて初めてトップレベルの演技者」

すると、急にみんな安心した顔になり「今日は病院に行ってきます」とか「今日は熱があるみたいなので早く寝て、次の練習に備えます」と言います。

たいてい、そんな適時の休養をとったあとは、別人のようなすっきりとした顔で練習に来ます。そして、見違えるほどの集中力で練習をこなしていきます。
休養も時に大切な練習メニューなのです。

黒田式
導きの極意
㊼

休養も時に大切な練習メニュー。

不安が顔に出ている時

茅ヶ崎高校の卒業生と久しぶりに会った時のエピソードです。全日本チャンピオンとなりオーストラリアでの世界大会に出場した卒業生たちです。

全国大会での思い出話をしていた時、ある子が「先生が絶対優勝、優勝、っておっしゃるから、絶対優勝できる、って思っていました」と言ったのです。すると「ウンウン」と皆がうなずいたのです。

とても素直で優しくて穏やかな性格の子ばかりのチームでした。いつでも人のことを思いやり自分のことより人のことを優先するような素敵な子たち。私は彼女たちのことが大好きで、教師として、というより一人の人間として心から尊敬をしていました。

優しくて心豊かな彼女たちの演技には、彼女たちにしか表現できない「優しさ」があふれていて、見ていると嫌なことも忘れてしまうようでした。

でもその分、激しさとか強さが感じられない、という欠点がありました。

「このままではいけない」

せっかく、厳しく苦しい練習に耐え頑張ってきたというのに、このままでは結果が出せず、ただの思い出で終わってしまう…そう感じたのです。

心が豊かなだけでなく頭もいい彼女たちには何かを伝えたい時、たとえ10のことを言いたくても1だけ言えば十分でした。私の心のうちを察してくれるからです。それだけの信頼関係があったのも事実ですけれど…。

本番まであとわずか、練習も仕上げの段階にきた時、私が彼女たちへ最後のアドバイスとして贈った言葉は「絶対優勝しようね！」でした。

彼女たち一人ひとり、その言葉の受け止め方は違っていたと思います。

「絶対優勝できるほどの力がある、と先生が太鼓判を押してくれた」と思った子もいたでしょうし、「優勝を狙っていくだけの強さを持て、と先生は言いたいんだ」ととらえた子もいたでしょう。

でも彼女たちの心にスイッチを入れたことは間違いありませんでした。

次の日からの彼女たちの眼には獲物を狙う野獣の厳しさがありました。演技には見ている人の心を優しくする豊かさだけでなく、決戦に臨む勝負師の激しさがあふれていました。

でも優勝チーム発表の瞬間には、いつもの、私の大好きな優しい彼女たちの顔に戻っていました…。と思います。

「思います」としか言えません。その時、私は、涙が次から次に溢れ出て彼女たちの晴れ姿をきちんと見てやることができませんでしたから。

黒田式
導きの極意
㊽

「絶対大丈夫」と時には暗示をかけてやる。

受験前夜にかける言葉

どんなに勉強しても、模擬試験で何回A判定が出ても、実際、合格の文字を見るまでは不安で不安でたまらないものです。

本人が不安と恐怖で押しつぶされそうなのに、お母さんまでは不安な顔をしたり不安な気持ちを言葉にしたら、本人はもう、どうしたらよいかわからなくなってしまいます。

いつもどおり、むしろ、いつもより大げさに元気な表情で「大丈夫、大丈夫、絶対合格」と言ってやりましょう。

入学してしばらくした頃、娘も「ママが大丈夫、大丈夫と言ってくれたのがすごく嬉しかった!!」

と言っていました。

「明日はいよいよ決戦ね」とか「明日は頑張ってね」という言葉はご法度です。

そんなことお母さんに言われるまでもないのです。本番で頑張らない子などいるはずありません。**自分がやってきたことに自信をもって臨めるように、そして何より、「自分自身」に自信を持つように言葉かけをしましょう。**

黒田式
導きの極意
59

不安な気持ちを言葉にしたりしたら、本人は、どうしたらよいかわからない。自信を持てる言葉かけを。

私は子ども達との思い出話をしました。この世に誕生し、初めて顔を見た時、それまでに経験したどんなことよりも幸せを感じ、感動したことを。

仕事で疲れた私の肩を小さな手で一生懸命たたいてくれたこと、幼稚園の入学式で何度も何度も後ろを振り返り手を振ってくれたこと、風邪で寝込んでいる私のために幼稚園で出たおやつを食べずに持ち帰りそっと枕もとに置いてくれたこと、小学校の授業参観の時、一生懸命、背伸びをして私を探してくれたこと…。目をつぶればはっきりとよみがえってくる一瞬一瞬にどれほどたくさんの勇気と希望をもらったかを。

最後に、受験勉強をしている子ども達の姿を、その日まで私がどれほど誇らしい気持ちで見守ってきたかを…。

「こんなに一生懸命、努力できる子が私の子どもになってくれたことを心からありがたく思っています。あなたのお母さんでいられることを誇りに思います。明日は、身体は離れているけれど心はすぐそばにいるからね」

たくさんいろいろな話をしたいのに涙がこぼれてうまくできなくなりました。きちんと言いたいのに涙ばかりで声になりませんでした。

小さな頃からめったなことでは泣いたことのない娘がボロボロ涙をこぼしました。

私の母としての思いは十分に伝わったのです。

黒田式
導きの極意
⑥⓪

あなたのお母さんでいられることを誇りに思います。

あとがき

神奈川県の県立高校の教師として過ごした約30年の日々を振り返ってみると、可愛い魅力的な生徒達に囲まれた幸せな教員生活だったなぁ、としみじみと思います。充実した日々を過ごさせてくれた教え子たち、先輩方、そして同僚達に感謝するばかりです。

約30年の教員生活の中で、ひとつだけ心残りに思うことがあります。それは、自分の子ども達の受験を経験して得た「医学部受験生の母」としてのさまざまな知恵を、高校教師として生徒の進路指導にあまり生かすことができなかったことです。

自分の体験・経験から得た生きたアドバイスを、医学部や東大を目指す生徒に、そしてその保護者にしてみたかった…お母さんが不安な時、自分だったらどうしていたかを語って少しでも不安を取り除いてあげたかった…と思うのです。

書店に行くと「○○の育て方」とか「○○にするには」といった多くの育児本・教育本を目にします。でもその多くは、有名な塾の先生や立派な教育学の先生によって書かれたもの。一番長い時間、子どものそばにいるお母さんによって書かれたものは、なかなか目にすることがありません。

お腹の中で10か月間、慈しみ育てたお母さん。
一番最初に抱っこしておっぱいをあげたのも、眠たい目をこすりながら3時間ごとにおっぱいをあげたのも、そして、熱を出して苦しむ子どもの傍らで一晩中、眠れぬ夜を過ごしたのも、全部、お母さん。
お父さんの愛情は子どもと過ごすごとに育まれていくもの。お母さんの愛情は生まれる前から、すでに心の中に芽生えているもの。

自分がどんなに空腹でも子どもにだけは食べさせたいと思う、自分の命を投げ出しても子どもだけは助けたいと思う、そんな無償の愛はお母さんがお母さんだからこそ持てる思いです。お母さんと同じ目線で子どもを見つめ、お母さんの心に寄り添って、本当にお母さんが必要としている情報を提供してくれる本が、実はとっても少ないことが残念でなりませんでした。

「子育て本を書いてみませんか？」と風鳴舎の青田さんからお声をかけていただいた時は本当にうれしかったです。「世のお母さんたちの力となりたい」と心から願いました。

娘の春菜子（はなこ）は今春、無事に医師国家試験に合格し4月より研修医としての生活をスタートさせました。

忙しくフルタイムで勤務する私に代わり家事をし、弟の世話をし家族を支え続けた娘でした。口に出してこそいわなかったものの、他の同世代の女の子たちに比べて苦労も心配も多かったことでしょう。そんな娘だから、人の痛みを自分のことのように感じ、人にそっと寄り添うことができるのではないかと思っています。

その名前に母が込めた思いの通り、「しっかりと大地に根をはり可憐な花を咲かせる」職場の「菜の花」となり、患者様だけでなく同僚の皆様の心をも温かくしてくれる存在であってほしいと願っています。

関東平野を太く長く流れ多くの人の命を支える利根川…「人のために生きる人間になれ」と利根川の愛称「坂東太郎（ばんどうたろう）」にあやかって「たろう」と名付けられたのが弟の大朗です。今年、3年生となり勉学に忙しい日々を送っています。そのかたわらダンスに夢中でさまざまなダンスイベントに出場し腕を上げ、大学内のダンスサークルのリーダーとして後輩達と一緒に日々、練習に明け暮れています。ダンス好きという私のDNAは息子にもしっかりと受け継がれました（笑）。「たろう」の「た」は「太」ではなく「大」です。「自分で点（天下）を取るように」との母の願いが込められています。人のため社会のために力を尽くせる人間となり真のリーダーとなってくれると信じています。

自分が子どものためにやってきたことを振り返ってみると、われながら「よくやったなぁ」と思います。でも、どんな時でも無我夢中。「大変だ」と思うことはあっても「逃げ出したい」とか「もう嫌だ」と思ったことはありませんでした。

本の中でも書きましたが、子育ては何よりも楽しいワクワクとする人生最大の大仕事です。悩んだり苦しんだりするだけで楽しまないのは本当にもったいないです。

この本には、子育てを楽しみかつ、子どもの能力を引っ張り出す秘密のレシピをたくさん載せました。日本中のお母さんたちが、もっと子育てを楽しめるように、その助けとなることができましたら幸せです。

そして、言うまでもなく「子どもが持っている力は無限大」です。持てる能力をどこまで伸ばすことができるかは…全く予想もできません。温かく見守り、適切に大切に育てれば際限なく伸びていきます。

一人ひとりの子どもが持っている計り知れない潜在能力を、いかに的確に引き伸ばしてあげられるか…この本には、そのテクニックやちょっとした裏技、とっておきのコツを書きました。

子どもはまさに国の宝。

日本の国の未来を担う子ども達が大きく強く成長していってくれることを願ってやみません。

この本の執筆にあたり、自分の歩んできた道のりを振り返ることができました。

「いてほしい時にいない頼りにならないお母さん」だった私に、文句のひとつもいわずスクスクと育ってくれた二人の子ども、そして、自分の進みたい道を突き進む私の最大の理解者だった今は亡き両親に対し、今、改めて感謝の気持ちでいっぱいです。

最後に、今回、執筆という素晴らしいチャンスを与えてくれた風鳴舎の青田さん、素敵な写真を撮ってくださった石野さんに、心からの感謝の言葉を申し上げたく存じます。

どうもありがとうございました。

2014年　夏

黒田　紫

著者の講演予定等については、
風鳴舎のホームページ
http://www.fuumeisha.co.jp
にアップされますのでご覧下さい。

お問合せはinfo@fuumeisha.co.jpまで。

著者プロフィール
黒田 紫(くろだ ゆかり)

津田塾大学在学中に日本初のプロチアリーディングチームのメンバーとなり、国内外のスポーツシーンで活躍。大学卒業後、神奈川県立高校で英語・ダンス・チアを教える。子どもの潜在能力を最大限に引き出し、伸ばす、独自の指導法で、5度、日本チャンピオンチームを育成し世界大会に導く。プロ野球、Jリーグのチアチーム立ち上げにも多く関わる。また、母子家庭で二人の子どもを育て上げ、二人とも名門医科大学に合格させる。母子家庭という経済的・精神的に苦しい環境の中で二人の子どもを医学部に入れた導きの手法は、多くの若い親たちに勇気と共感を与えている。
バセドウ病、メニエール病、摂食障害、脳梗塞と多くの病魔と闘った経験も持ち、闘病の講演活動でも多くの人々に元気を与えている。現役チアリーダー。

装丁・デザイン　萩原弦一郎、橋本雪(デジカル)
DTP　玉造能之、梶川元貴(デジカル)
撮影　石野明子
制作協力　吉田悦子

感想をお寄せくださったお母様方
田中律子さん/古川有希さん/更科あゆみさん/西川貴美子さん/児玉悠花さん/平綾子さん/石川有子さん他

90%は眠ったままの
学力を呼び覚ます育て方[新版]
〜子どもをみんな医学部に入れたシングルマザーによる60の極意

2020年7月1日　第1版第1刷発行

著　者　黒田 紫

発行所　株式会社風鳴舎
〒170-0005 豊島区南大塚2-38-1 MID POINT 6F
(電話 03-5963-5266 / FAX 03-5963-5267)

印刷・製本　日経印刷株式会社

ISBN978-4-907537-32-6　C0037　Printed in Japan

風鳴舎（ふうめいしゃ）の本

学校教育がガラッと変わるから、親が知るべき今から始める子どもの学び

御三家中学校受験の元塾講師がおくる
これからの時代の７つのスキルの育て方

山口たく 著

260ページ／読み物／ISBN 978-4-907537-13-5

本体 1,500 円＋税

パパ、ママ、あのね…

モンテッソーリからの11の贈り物。
子育てのヒントは子どもが教えてくれる

マリア・モンテッソーリ 著
ＡＭＩ友の会ＮＩＰＰＯＮ訳・監修

144ページ／読み物／ISBN 978-4-907537-22-7

本体 1,300 円＋税